ଶ୍ରୀକୃଷ୍ଣ
କୃଷ୍ଣା
(ଦୁଇଟି ଦୀର୍ଘ କବିତା)

ଶ୍ରୀକୃଷ୍ଣ

କୃଷ୍ଣା

(ଦୁଇଟି ଦୀର୍ଘ କବିତା)

ଭାନୁମତୀ ସାହୁ

ବ୍ଲାକ୍ ଇଗଲ୍ ବୁକ୍ସ
ଭୁବନେଶ୍ୱର, ଓଡ଼ିଶା

BLACK EAGLE BOOKS
Dublin, USA

ଶ୍ରୀକୃଷ୍ଣ କୃଷ୍ଣା / ଭାନୁମତୀ ସାହୁ

ବ୍ଲାକ୍ ଇଗଲ୍ ବୁକ୍ସ : ଭୁବନେଶ୍ୱର, ଓଡ଼ିଶା ● ଡବ୍ଲିନ୍, ଯୁକ୍ତରାଷ୍ଟ୍ର ଆମେରିକା

 BLACK EAGLE BOOKS

USA address:
7464 Wisdom Lane
Dublin, OH 43016

India address:
E/312, Trident Galaxy, Kalinga Nagar,
Bhubaneswar-751003, Odisha, India

E-mail: info@blackeaglebooks.org
Website: www.blackeaglebooks.org

First International Edition Published by
BLACK EAGLE BOOKS, 2025

SHREEKRUSHNA KRUSHNĀ
(Two long Odia Poems)
by Vanumati Sahoo
Mob: +91 6371813655

Copyright © **Vanumati Sahoo**

All rights reserved. No part of this publication may be reproduced, stored in a retrieval system, or transmitted, in any form or by any means, electronic, mechanical, photocopying, recording or otherwise without the prior permission of the publisher.

Cover & Interior Design: Ezy's Publication

ISBN- 978-1-64560-687-1 (Paperback)

Printed in the United States of America

ଉତ୍ସର୍ଗ

ଶ୍ରୀକୃଷ୍ଣଙ୍କ ପଦ୍ମପାଦରେ....

— ଭାନୁମତୀ

ନିଜସ୍ୱ ଅଭିବ୍ୟକ୍ତି

ପିଲାଟି ଦିନରୁ ଓଡ଼ଗାଁର ଶ୍ରୀରଘୁନାଥ ଜୀଉଙ୍କୁ ଦର୍ଶନ କରିଆସିଛି। ଶ୍ରୀରଘୁନାଥଙ୍କ ଦାରୁମୂର୍ତ୍ତିର ଛାପ ମୋ ମନରେ ସ୍ମରଣୀୟ ହୋଇ ରହିଛି। ବିପଦବେଳେ ପାଟିରୁ ଖସିପଡେ ଦୁଇଶବ୍ଦ ରାମ ରାମ। ସ୍ୱପ୍ନରେ ମଧ୍ୟ ମୋ ଗାଁ ମନ୍ଦିର ସହ ବନବାସୀ ଶ୍ରୀରାମ, ଲକ୍ଷ୍ମଣ ଓ ସୀତାଙ୍କର ଦୃଶ୍ୟ ବେଳେବେଳେ କ୍ଷଣିକ ପାଇଁ ହେଉ ପଛକେ ଭାସି ଆସିଥାଏ। ମୁଁ କେତେ ଭକ୍ତି ଢାଳେ ସେହି ପଦାରବିନ୍ଦରେ ତାହା ଠାକୁରଙ୍କୁ ହିଁ ଜଣା। ଭାବିଥାଏ ମୋ ଅସ୍ତିତ୍ୱ ସହିତ ସେ ହିଁ ଜଡ଼ିତ ହୋଇ ରହିଛନ୍ତି। ଜୀବନର ଚଲାପଥରେ ଯେତେବେଳେ ଯେତେ ବିପତ୍ତି ଆସିଛି ସେ ହିଁ ରକ୍ଷା କରି ଚାଲିଛନ୍ତି ଆଜି ପର୍ଯ୍ୟନ୍ତ। ଜୀବନରେ ଅଙ୍ଗାଙ୍ଗୀ ଭାବେ ଠାକୁରଙ୍କ ଆଶୀର୍ବାଦ ହିଁ ଜଡ଼ିତ ହୋଇ ରହିଥିବାର ବିଶ୍ୱାସ ମୋର ଦୃଢ଼ ହୋଇ ରହିଛି। ଠାକୁରଙ୍କ ବିନା ମୋ ଅସ୍ତିତ୍ୱ କାହିଁ ?

ଦିନେ ସ୍ୱପ୍ନରେ ପଥହୁଡି ଯାଇଥିଲି ଘଞ୍ଚ ଜଙ୍ଗଲରେ। ଆଖିରେ କେବଳ କାଳିମାମୟର ଦୃଶ୍ୟ ଘୋଟିଥିଲା। ଭାବିପାରୁନଥିଲି ଏହି ଘମାଘୋଟ ଅନ୍ଧକାରରୁ ଆଲୋକର ପଥ ପାଇବି କେତେବେଳେ? କିଏ ମୋତେ ସହାୟତା କରିବ ଏହି ହତାଶମୟ ଅନ୍ଧକାରରୁ? ଠିକ୍ ଏତିକିବେଳେ ଆଶ୍ୱାସନାର ଉଜ୍ଜ୍ୱଳ ଆଲୋକ ଦୃଶ୍ୟମାନ ହେଲା ଅନ୍ୟ ଏକ ଅଜଣା ଦିଗରେ।

ତେବେ ସେ ଦିଗଟି କ'ଣ? ଯେଉଁ ଆଡ଼କୁ ମୋ ପାଦ ବଢୁଥିଲା ଦ୍ରୁତ ଗତିରେ।

ସଂସାର ଜଞ୍ଜାଳ ଭିତରେ ବିଭୁଙ୍କ ପାଦରେ ମନ ରଖି ଚାଲୁଚାଲୁ କେଉଁ ମୁହୂର୍ତ୍ତରେ ମାୟାର ବର୍ଣ୍ଣାଳୀ ଭିତରେ ଆନନ୍ଦ କି ଆଘାତ ପାଇଛି ତାହାର ନିୟନ୍ତ୍ରଣ ହିଁ ମୋ ମନର ଠାକୁରଙ୍କଠାରେ ସମର୍ପିତ କରି ଅଟକି ଯିବାକୁ ଚାହିଁନି।

'କର୍ମ ହିଁ ଭଗବାନ।'

ଏ ଜନ୍ମରେ ଯାହା ଭୋଗିବାକୁ ଅଛି ତାକୁ ମୁଁ ଗ୍ରହଣ କରିଛି ସତେ ଯେମିତି ! ସେଥିପାଇଁ ବୋଧେ ଜନ୍ମକୁ ସ୍ୱୀକାର କରି ମାୟା ମଣ୍ଡଳକୁ ଓହ୍ଲାଇ ଆସିଥିଲି। ତେବେ କର୍ମ ବେଳେ ବିଚଳିତ ହେବି କାହିଁକି ?

ଶ୍ରୀରାମଙ୍କ ପାଦପଦ୍ମରେ ମୁଁ ତ ଆଶ୍ରୀତା। ମୋ ଅସ୍ତିତ୍ୱ ଓ କର୍ମ ସହିତ ସେ ଯୋଡ଼ି ହୋଇରହିଛନ୍ତି। ଏତେ ଚିନ୍ତା କାହିଁକି ?

କେବେହେଲେ ଭାବିନଥିଲି ରାତିଅଧରେ ସ୍ୱପ୍ନରେ ହେଉ କି ଅଧା ଜାଗ୍ରତରେ ହେଉ ଶ୍ରୀମୁରଲୀ ମୋହନ କୃଷ୍ଣଙ୍କ ବଂଶୀସ୍ୱନ ଶୁଣି ତନ୍ମୟ ହୋଇଯିବି। ଯାର କେତେଦିନପରେ ପୁନଶ୍ଚ ସ୍ୱପ୍ନରେ ସେହି ମୟୂରଚୂଳିଆ କୃଷ୍ଣଙ୍କୁ ଜୀବନ୍ତ ରୂପରେ ଦେଖିଲା ପରେ ତ୍ୱରିତ୍ ସ୍ୱରରେ ମାଗିନେଲି ମୋ ଅଭୀପ୍‌ସାଟିକୁ।

ନିଦ୍ରା ଭାଙ୍ଗିଗଲା ପରେ ସ୍ୱପ୍ନ କି ବାସ୍ତବିକତା ଭିତରେ ପ୍ରହେଳିକାରେ ଘାରି ନହୋଇ ମୋ ମନର ତର୍କକୁ ଦୂର କରି କହିଲି- ଭଗବାନ ଅଛନ୍ତି। ସେ ଆମ କର୍ମର ସାକ୍ଷୀ। ସେ ହିଁ ଆମର ଭାଗ୍ୟ ବିଧାତା। ସେ ରାମ, କୃଷ୍ଣ ଓ ଜଗନ୍ନାଥଙ୍କ ରୂପରେ ସ୍ୱପ୍ନରେ ଆବିର୍ଭାବ ହୋଇ ଅନ୍ଧକାରଛନ୍ନ ନିସ୍ତବ୍ଧ ପ୍ରହରରେ ଆଲୋକ ରଶ୍ମି ଭରି ଦେଇଥାଆନ୍ତି। ସେହି ମୁରଲୀମୋହନ ଲୀଳାମୟ କୃଷ୍ଣଙ୍କର ବିଶ୍ୱାସରେ ବିହ୍ୱଳିତ ହୋଇଯାଏ ମନପ୍ରାଣ। ଏକ ନିଆରା ଈଶ୍ୱରୀୟ ସତ୍ତାର ଶିହୀରଣ ଆଖିର ମାୟାପଟଳକୁ ଖୋଲିଦେବ। ସେତେବେଳେ ମୋ ପଦଚିହ୍ନ ଲିଭାଇ ଦେଇ ତୁମ ପାଖକୁ ଯିବି ମୁହିଁ ଶୂନ୍ୟତାରୁ ପୂର୍ଣ୍ଣତା ପାଇଁ।

ସତରେ ଏଠି- କ'ଣ ସ୍ଥାୟୀ ?

ମାନବିକତାକୁ ଧରି ବଞ୍ଚିବା ହିଁ ଜନ୍ମର କାରଣ। ତୁମର ଆଲୋକ ସମ୍ଭାର ହିଁ ମୋ ଆତ୍ମବିଶ୍ୱାସ। ତୁମର ଦ୍ୟୁତିରେ ଅଙ୍କୁରିତ ହୋଇଥାଏ ସଚ୍‌ଳାଚ୍‌ଳ ଜଗତ। ଜୀବନ୍ତ ହୋଇ ଲମ୍ବିଥାଏ ବିଶ୍ୱବ୍ରହ୍ମାଣ୍ଡକୁ। ମୁଁ ତ କେବଳ ନିମିତ୍ତ ମାତ୍ର।

ଆଜିର ମଣିଷ ଅବିଶ୍ୱାସର ଚିତ୍କାରରେ ମନରେ ଅଳନ୍ଧୁଭରି ପବିତ୍ର ମନକୁ କଳୁଷିତ କରିଥାଏ। ନିଜ ଅହଂ ସାବ୍ୟସ୍ତ କରି ଅନ୍ୟକୁ ଜର୍ଜରିତ କରେ। ତା'ର ଅଭିମାନ ହିଁ ତା ସହିତ ଜଡ଼ିତ ହୋଇ ଆତ୍ମୀୟତାରେ ବିଷ ଭରିଦେଇଥାଏ।

ତୁମେ ତ୍ରେତୟା ଯୁଗର ରାମ, ଦ୍ୱାପରର କୃଷ୍ଣ, କଳିଯୁଗର ଜଗନ୍ନାଥ। ତୁମ ରୂପରେ ଭିନ୍ନତା କାହିଁ ? ତୁମେ ଏକ ଓ ଅଭିନ୍ନ। ତୁମେ ହିଁ ଜୀବନ୍ତ ରୂପରେ ଆସି ଜୀବନକୁ କରିଥାଅ ଉଦ୍‌ଭାସିତ। ତୁମେ ହିଁ ସ୍ରଷ୍ଟା। ତୁମେ ସର୍ବଜ୍ଞ, ସର୍ବବ୍ୟାପୀ, ସର୍ବଶକ୍ତିମାନ। ତୁମେ ଅଛ ବିରାଜିତ ବିଶ୍ୱବ୍ରହ୍ମାଣ୍ଡରେ କାଳ କାଳ ପାଇଁ। 'ସତ୍ୟର ଜୟ'ର ସନ୍ଦେଶ ଦେଇ ଆସିଛ ପ୍ରତିଯୁଗରେ। ଭକ୍ତର ମନକୁ ତୁମେ ପୁଲକିତ କରିଥାଅ ନିଃଶବ୍ଦାୟିତ ନୀରବ ସମର୍ପଣରେ। ବିଶ୍ୱବ୍ରହ୍ମାଣ୍ଡର ବିଶାଳତା ଭିତରେ ଏ ସଂକ୍ଷିପ୍ତ ଜୀବନଦୀପ ନୁହେଁ ଚିରସ୍ଥାୟୀ। ଯୁଗ ପରେ ଯୁଗରେ ଅବତାର ନେଇ ଉଭା ହୋଇଛ ଧର୍ମରକ୍ଷା ପାଇଁ ଓ ପାପର ବିନାଶ ପାଇଁ। ତଥାପି ମନୁଷ୍ୟ ଶାନ୍ତି ମୈତ୍ରୀର ବାର୍ତ୍ତାକୁ ଭୁଲି ବିଷାଦରେ ଜର୍ଜରିତ କାହିଁକି ? କାହିଁକି?

ମୋ ମନର ବିଶ୍ୱାସରେ ତୁମେ ହିଁ ଦୀପଟିଏ ଜାଳିଦିଅ ତମସା ରଜନୀର ମାୟାରୁ ମୁକ୍ତି ପାଇଯିବି।

୮ | ଭାନୁମତୀ ସାହୁ

ଏହିପରି ଈଶ୍ୱରୀୟ ବିଶ୍ୱାସରେ ଦୃଢ଼ୀଭୂତ ହୋଇ ମୋର ଶ୍ରୀକୃଷ୍ଣ କବିତାଟି ରଚିତ ହୋଇଛି, ଯେଉଁ ଭିତରେ କ୍ଷଣିକ ସ୍ୱପ୍ନରେ ସତ୍ୟତାକୁ ଗ୍ରହଣ କରିଛି । ରାମ, କୃଷ୍ଣ ଓ ଜଗନ୍ନାଥଙ୍କ ରୂପରେ ମନକୁ ବିହ୍ୱଳିତ କରିଛି ।

'କୃଷ୍ଣା' ମୋର ଅନ୍ୟ ଏକ ଦୀର୍ଘ କବିତା । ଏଠାରେ କୃଷ୍ଣା ଯିଏ ଦ୍ରୌପଦୀ, ପାଞ୍ଚାଳୀ, ଯାଜ୍ଞସେନୀ ଆଦି ନାମରେ ମଧ୍ୟ ପରିଚିତା ହୋଇ ମହାଭାରତ ଯୁଦ୍ଧର ପ୍ରମୁଖ ନାରୀ ଚରିତ୍ରରେ ଉଭା ହୋଇଛନ୍ତି ସେ ଜଣେ ସାଧାରଣ ନାରୀ ନୁହଁନ୍ତି । ସେ ଥିଲେ ପାଞ୍ଚାଳ ଦେଶର ରାଜା ଦ୍ରୁପଦଙ୍କ ବରଣକନ୍ୟା ଯିଏ ଯଜ୍ଞ କୁଣ୍ଡରୁ ସମ୍ଭୁତା ହୋଇଥିଲେ ଯୌବନର ରୂପ ବହନ କରି ପିତାଙ୍କ ଅପମାନର ପ୍ରତିଶୋଧ ପୂରଣ କରିବା ପାଇଁ ।

ପାଞ୍ଚାଳୀ ଥିଲେ ପ୍ରତିଜ୍ଞାବଦ୍ଧା, ଦୁଷ୍ଟସଂହାରକାରିଣୀ ଓ ପ୍ରତିଶୋଧପରାୟଣୀ, ପାଣ୍ଡବମାନଙ୍କର ପୁତ୍ରବଧୂ ଯିଏ ପଞ୍ଚପତିଙ୍କୁ ସ୍ୱାମୀରୂପେ ଗ୍ରହଣ କରିଥିଲେ ଶାଶୁ କୁନ୍ତୀଙ୍କର କଥା ରକ୍ଷା ନିମିତ୍ତ । ପଞ୍ଚପତିଙ୍କ ପ୍ରେମ ପ୍ରଦାନରେ ସେ ଧର୍ମପତ୍ନୀର ଭୂମିକାକୁ ପାଳନ କରିକରି ମଧ୍ୟ କେବେ କାହାପ୍ରତି ପକ୍ଷପାତିତା କରି ନଥିଲେ ବୋଲି ସ୍ୱର୍ଗଗମନ ବେଳେ ଗୋଡ଼ ଖସିଯିବାବେଳେ ଯେତେ ଯୁକ୍ତି କଲେ ମଧ୍ୟ ଜ୍ୟେଷ୍ଠ ପାଣ୍ଡବ ଯୁଧିଷ୍ଠିର ସଫେଇ ଦେଇ କହିଥିଲେ ଦ୍ୱିତୀୟ ପାଣ୍ଡବ ଭୀମଙ୍କୁ:

"ନିଜ ଗତିରୋଧ ପାଇଁ ନିଜେ ଦାୟୀ ପାଞ୍ଚାଳୀ
ଯାହାକୁ ମୁଁ ଶ୍ରଦ୍ଧାରେ ଡାକୁଥିଲି କଲ୍ୟାଣୀ
କିନ୍ତୁ ଅଧିକ ପ୍ରେମାସକ୍ତ ଥିଲେ ତୃତୀୟ ପାଣ୍ଡବ ଅର୍ଜୁନଙ୍କ ପ୍ରତି
ହିମାଳୟ ପଥରେ ନହୁଅ ତା ସାଥି
ଅଗ୍ନିଜାର ଅଧିକାର ନାହିଁ ସ୍ୱର୍ଗ ସୁଖର ।"

ସେତେବେଳେ ପାଞ୍ଚାଳୀ ଯୁକ୍ତି କରିଥିଲେ:

"ମୁଁ କରିଥିଲି ଏକ ପତି ବରଣ
ତୃତୀୟ ପାଣ୍ଡବ ଅର୍ଜୁନଙ୍କ ପରାକାଷ୍ଠାର ବିଜୟିନୀ ଥିଲି ମୁଁ
ତଥାପି ନାରୀ ବୋଲି ସତ୍ୟରକ୍ଷାର ଗୋଟି ହେବା ପାଇଁ
ସହଧର୍ମିଣୀ ହୋଇ ଧରିଲି ପଞ୍ଚପତିଙ୍କ ହାତ ।"

ଏହିପରି ଘଡ଼ିସନ୍ଧି ମୁହୂର୍ତ୍ତରେ କୃଷ୍ଣ ଯାହାଙ୍କୁ ପାଞ୍ଚାଳୀ ନିଜ ଅସ୍ମିତାକୁ ତାଙ୍କ ସହିତ ଯୋଡ଼ିଦେଇ ସଖାବୋଲି ମନରେ ବିବେଚନା କରନ୍ତି ସେ ହିଁ ତାଙ୍କର ମାନସିକ ସଂକଟ ବେଳେ ଉଭା ହୋଇ ମନର ଦ୍ୱନ୍ଦ୍ୱକୁ ଦୂରେଇ ଦେଇଛନ୍ତି । ସେହି ଶ୍ରୀକୃଷ୍ଣଙ୍କ ପାଖରେ କୃଷ୍ଣା ହିଁ ସମର୍ପିତା । ସେହି ବିଶ୍ୱାସ ତାଙ୍କ ମନରେ ଅଛି । କାରଣ କୌରବଙ୍କ ଭାରି ସଭାରେ ଯେତେବେଳେ ଅପସଂସ୍କୃତି ପ୍ରବେଶ କରି ତାଙ୍କ ପରି କୁଳବଧୂଙ୍କୁ କାମାନ୍ଧ ପୁରୁଷ ଦୁଃଶାସନ ଜୋରଜବରଦସ୍ତି ବସ୍ତ୍ରହରଣ କରିବାକୁ ଉଦ୍ୟମ

କଲା ସେତେବେଳେ ଏକ ନାରୀ ପ୍ରତି ବର୍ବର ଆଚରଣର ଅୟମାରମ୍ଭ ହୋଇଥିଲା ।

"ନାରୀ ସଂଜ୍ଞା ନୁହେଁ ମୁଣ୍ଡପାତି ସହିଯିବ ଅପମାନ,
ଅନ୍ୟର ଆନନ୍ଦର ବିଭବରେ
ମୁଁ ଜଳିପୋଡ଼ି ଭସ୍ମ ହେଉଥିବି କ'ଣ ବାରମ୍ବାର ?
ମାନବ ସଭ୍ୟତାର ବିଶ୍ୱାସର ପରମ୍ପରାରେ
ଏ ତ ନାରୀ ପ୍ରତି ଏକ ବର୍ବରତାର ଆରମ୍ଭ
କୌରବଙ୍କ ଅବସାନ ପାଇଁ
ମୋର ମୂଲ୍ୟବୋଧ ରକ୍ଷା ପାଇଁ
ମୋ ମୁକୁଳାକେଶ ହିଁ ଅୟମାରମ୍ଭ ଥିଲା ମୋ ପ୍ରତିବାଦର ।"

ନାରୀତ୍ୱର ଗାରିମାକୁ ବଜାୟ ରଖିବାକୁ କୃଷ୍ଣାଙ୍କ ଜନ୍ମ ହୋଇଥିଲା । ଲାଞ୍ଛନା ଅପମାନର ଜ୍ୱଳନରେ ଖୋଲି ଦେଇଥିଲେ କବରୀ । ସେ ହେଲେ କୌରବନାଶିନୀ । ସେ ହେଲେ ଦୁର୍ମୂଲ୍ୟ ବସ୍ତୁପରି ଭାଗବଣ୍ଟା ମାତା କୁନ୍ତୀଙ୍କର ନିର୍ଦ୍ଦେଶରେ ।

ତଥାପି କୃଷ୍ଣାଙ୍କ ସ୍ୱଇଚ୍ଛାରେ ସ୍ୱର୍ଗାରୋହଣ ବେଳେ ତାଙ୍କର ପାଦ ଖସୁଛି କାହିଁକି ? ଓଲଟି ଯୁଧିଷ୍ଠିରଙ୍କ ସ୍ୱର ଶୁଣାଯାଉଛି- 'ଛାଡ଼ିଆସ ପାଞ୍ଚାଳୀକୁ ।'

କୃଷ୍ଣାଙ୍କର ସ୍ୱର ଶୁଣାଗଲା କୃଷ୍ଣଙ୍କୁ ବିନତୀ କରି -

"କି ଦୋଷ ମୋର ପଞ୍ଚପତିଙ୍କ ରାଜରାଣୀ ହୋଇ
ମୁଁ ଅଲୋଡ଼ା ହୋଇ ପଡୁଛି ଏ ଧରାମାଟି ଛୁଇଁ
ହୁଅ ତୁମେ ଦେଖା, କର ମୋତେ ପରିତ୍ରାଣ
ହେ ମୋ ଭାଗ୍ୟବିଧାତା ।"

ଏହିପରି ଭାବରେ କୃଷ୍ଣା ନିଜର ମନୋଭାବ ପ୍ରକାଶ କରିଛନ୍ତି । ଏହି ଦୀର୍ଘ କବିତା ଭିତରେ ମହାଭାରତର ମଧ୍ୟ କିଛି କିଛି ଦୃଶ୍ୟ ଅବତାରଣା କରିଛି । କୃଷ୍ଣଙ୍କ ପାଦପଦ୍ମରେ ଦ୍ରୌପଦୀଙ୍କ ଗଭୀର ଆସ୍ଥା ରହିଥିବାରୁ ସେ ଭେଟୁଥିବା ସବୁ ଦୁଃଖ ଓ ଯନ୍ତ୍ରଣାକୁ ଅକ୍ଳେଶରେ ସହ୍ୟ କରି ଯାଇଛନ୍ତି ।

ଯଦି ଏହି ଦୀର୍ଘ କବିତାଦ୍ୱୟ ପାଠକ/ପାଠିକାମାନଙ୍କ ମନରେ ରେଖାପାତ କରିପାରିଲା ତେବେ ମୁଁ ନିଜକୁ ଧନ୍ୟ ମନେ କରିବି । ପରିଶେଷରେ ମୁଁ ଶ୍ରୀକୃଷ୍ଣଙ୍କ ଅଦୃଶ୍ୟ ଆଶିଷରୁ କାଣିଚାଏ ଭିକ୍ଷା କରୁଅଛି ।

- ଭାନୁମତୀ

କବିତାକ୍ରମ

ଶ୍ରୀକୃଷ୍ଣ   ୧୩ – ୭୬
କୃଷ୍ଣା   ୭୭ – ୧୩୨

ଶ୍ରୀକୃଷ୍ଣ

।। ଏକ ।।

ବାଟ ଭୁଲିଗଲି କେମିତି ଅମା ଅନ୍ଧକାର ଭିତରେ
ପଥହରା ମୁଁ ଏଇ ନିର୍ଜନ ଇଲାକାରେ ?
ଆଖିରେ ଖାଲି ଘୋଟିଛି କାଳିମାର କୁହୁଡି,
ଏ ଘଞ୍ଚ ଜଙ୍ଗଲ ଭିତରେ ଦିଶୁନି ପଥ
କେମିତି ପଶିଆସିଲି ଏ ଘମାଘୋଟ ଅନ୍ଧକାର ବନକୁ
ସ୍ମରଣ ତ ନାହିଁ
କେବଳ ଲକ୍ଷ୍ୟ ଧାର୍ଯ୍ୟ ବାହାରିବି କେମିତି ?
ଚାଲୁଛି ଲୋକଙ୍କ ମେଳରେ କିଏ କାହାକୁ ଦେଖୁନୁ
କି ପାଦ ଶବ୍ଦ ଶୁଣୁନୁ ।
ତଥାପି ଚାଲିଛି ଶଙ୍କାକୁଳ ହୋଇ
ବିପଦ ଅଛି ଜଙ୍ଗଲ ଜନ୍ତୁଙ୍କ
ସମାହାର ଭିତରେ
ଆମର ଗମନ ଖୁବ୍ ସାବଧାନତାରେ ।
ଆଲୁଅ କାହିଁ ଦିଶୁନି
କିଏ ମୋତେ ସାହାଯ୍ୟ କରିବ ଏ ମହା ବିପତ୍ତିରୁ ?
ଏବେ ମୋ ମନ ନୀରବି ଆଶଙ୍କାରେ ଭରିଗଲାଣି,
ଆଉ ଆଶ୍ୱାସନାର ମୁହଁ ନାହିଁ
ଅକସ୍ମାତ ସୂର୍ଯ୍ୟଙ୍କ ଉଦ୍‌ଭାସିତ ଦୀପ୍ତି,
ହତାଶର ଭାବନା ଭିତରେ ଦୃଶ୍ୟମାନ ହେଲା ଚ଼କ୍‌ଚ଼କ୍ ହୋଇ ।
ଶୂନ୍ୟ ମନରେ ପୁରିଗଲାଣି ପୁଲକର ବାସ୍ନା
ଆଲୋକ କିରଣରେ ପଦଚିହ୍ନ ଆଗକୁ ବଢୁଥିଲା
ଅଜଣା ଦିଗରେ, ସହାୟତା ପାଇଁ

ଉଜ୍ଜଳ ଆଲୁଅ ସାମ୍‌ନାରେ ଦେଖିଲି କିଶୋର ଗାଈଆଳଟିଏ
ହାତରେ ଠେଙ୍ଗାଟିଏ ଧରି ଗାଈଗୋରୁଙ୍କ ଗହଣରେ
ଠିଆହୋଇଛି ଖୁବ୍ ଦମ୍ଭରେ ।
ଅସମୟ ମୁହୂର୍ତ୍ତରେ ବିଶ୍ୱାସକୁ ଟାଣ କରି
ଜଙ୍ଗଲ ଭିତରୁ ବାହାରିବା ରାସ୍ତା କାହିଁ ?
ପଚାରି ଦେଲି ଖୁବ୍ ନିଜରପଣରେ
କେବଳ ହାତଠାରି ଇସାରା ଦେଲା ଆଲୋକିତ ରାସ୍ତାଟିକୁ
ଅନୁସରଣ କରି ପାଦ ପକେଇବାକୁ ।
ଉଦ୍‌ବିଗ୍ନ ହୃଦୟରେ ଦୀପ୍ତିର ସ୍ପଷ୍ଟ ଦୃଶ୍ୟମାନ ହେଲା
ଅନେକ ମଣିଷ ଧାଡ଼ିଧାଡ଼ି ହୋଇ ସେଇ ରାସ୍ତାରେ ଚାଲିଛନ୍ତି
ବିନାଦ୍ୱିଧାରେ ପଶିଗଲି ସେମାନଙ୍କ ମେଳରେ ଖୁବ୍ ଆଶ୍ୱସ୍ତିରେ ।
ଚାଲୁଚାଲୁ ପୁଣି ଘମାଘୋଟ ଅରଣ୍ୟ ଭିତରେ
କାହାର ମୁହଁ କିଏ ଦେଖିପାରୁନଥିଲୁ
ତଥାପି ପାଦ ମିଳାଇ ଚାଲିଥିଲୁ ।
ମନେ ପଡ଼ିଗଲା ମୋର
ମୁଁ ଏ ଜଙ୍ଗଲରେ ପଶିବା ବେଳେ ଦେଖିଥିଲି ଅନେକ ହାତୀମାନଙ୍କୁ
ଏବେ ଏହି ରାସ୍ତାରେ ହାତୀମାନେ ଶୋଇଥିବେ ।
ଅନ୍ଧାର ରାତିରେ ଚୁପ୍‌ଚାପ ବିନା ଶବ୍ଦରେ ଚାଲିବା ହିଁ ଶ୍ରେୟସ୍କର ହେବ ।
ରାସ୍ତାର ଅନ୍ଧାର ଦୂରକରି ମୋ ପାଦଦୁଇଟି ଆଲୋକକୁ ଦେଖି
ଦୌଡ଼ିଲା ମୋ ଜନ୍ମଘରକୁ ଏକ ଆତ୍ମୀୟତାର ଡ଼ାକରାରେ ।
ବିଶ୍ୱାସର ଚମକରେ ମୁଁ ଚାଲୁଛି
ମୋ ପରିଚୟ ସେଇ ଲୀଳାମୟଙ୍କ ସହିତ ଜଡ଼ିତ
କେତେବେଳେ କଟିଗଲାଣି ବର୍ଷ ପରେ ବର୍ଷ
ପଞ୍ଚାଅଶୀ ଜାନୁୟାରୀ ମାସ ହୋଇପାରେ
ସ୍ୱପ୍ନଟିଏ ଆସିଥିଲା ବଂଶୀସ୍ୱନର କୁହୁକ ଭିତରେ
ଅଜ୍ଞାନ ମୁଁ ନିଜ ବିଷୟରେ
କିଏ କୋଳମଣ୍ଡନ କରିବ ମୋର

ତୁମେ ଗାଈଆଳ ହୋଇ ବଂଶୀ ବଜାଉ ନାହଁ ତ ଏତେ ରାତିରେ ?
ମୋ ତନ୍ଦ୍ରା ଭାଙ୍ଗିଯାଉଛି ବାରମ୍ବାର
ତୁମେ ଅଛ ମୋ ଖୁବ୍ ନିକଟରେ ଯେମିତି !
ସ୍ୱପ୍ନରେ ଦିନେ ଉଦ୍‌ଭାସିତ ହେଲା ଗାଈଆଳ ପିଲାଟି
ଗୋରୁଗାଈ ରାଧାରାଣୀଙ୍କ ଗହଣରେ ।
ବଂଶୀସ୍ୱନର କୁହୁକ ଜାଲରେ ପଡ଼ି ଦେଖିଲି ତୁମ କିଶୋର ଠାଣି
ଖୁବ୍ ଆତ୍ମବିଶ୍ୱାସରେ ଦେଇ ଯାଇଥିଲ ପୁତ୍ରଟିଏ ଏପ୍ରିଲ୍ ସତେଇଶିରେ
ମୋ ମନର ଦୁଃଖକୁ ଲାଘବ କରି
ଯାରି ଭିତରେ ବର୍ଷ ପରେ ବର୍ଷ ବିତିଯାଇଛି
ଆଉ କେବେ ଆସି ମୋ ସ୍ୱପ୍ନରେ ଦେଖା ଦେଇନ ।
ଭାବିଥିଲି ପୁଣି ଆତୁର ହୋଇ ଡ଼ାକିଲେ ନିଶ୍ଚୟ ଶୁଣିବ
ସେହି ଅମ୍ଳାନ ଜ୍ୟୋତିର ରୂପ ପୁଣି ଦୃଶ୍ୟହେବ
ଅପେକ୍ଷା କେବଳ ତୁମରି ପାଇଁ ।
ଅତୀତର ସ୍ମରଣରେ ବିଶ୍ୱାସ ଜନ୍ମାଇ
ଚାଲୁ ଚାଲୁ ମୋ ଉତ୍‌କଣ୍ଠାର ଦ୍ୱାରଦେଶରେ
ସକ୍ରିୟ କରିଦେଇ ମୋ ଅପେକ୍ଷାର ମଧୁର ମୁହୂର୍ତ୍ତକୁ
ଆସିଯାଇଥିଲ ବାଳରୂପ ଧରି
କାଖକରି ଗେଲ କରିବାକୁ ଚାହୁଁଥିଲି ମୁଁ ।
ଅଭିନ୍ନ ନ ହେଉ ମୋ ଆତ୍ମା ସେହି ଦିବ୍ୟ ଜ୍ୟୋତିରୁ
ସେହି ଛବି ଝଟକୁଥାଉ ମୋ ମନରେ ଜନ୍ମ ଜନ୍ମାନ୍ତର ପାଇଁ ।
ବିଶ୍ୱାସକୁ ଚ଼ମକେଇ ଦେଇ
ପଞ୍ଚଇନ୍ଦ୍ରିୟର ପଞ୍ଚମହାଭୂତକୁ ଧରି
ମୋ ଚିତ୍ରପଟର ସ୍ଥାୟୀତ୍ୱ କାହିଁ ?
ମୁଁ ତ ମୋର ନୁହେଁ ଏହି ଦୃଶ୍ୟପଟରେ
କେବଳ ତୁମ ସହ ଜଡ଼ିତ ମୋ ଆତ୍ମା
ଏକ ସମାୟାନ୍ତର ଘଡ଼ି ସାଙ୍ଗରେ ।

॥ ଦୁଇ ॥

ଜଞ୍ଜାଳ ଭିତରେ ସଂପର୍କର ରଜ୍ଜୁରେ ବାନ୍ଧି ହୋଇ
କେତେବେଳେ ମନ ଶାନ୍ତ ସ୍ନିଗ୍ଧ ତ
ଆଉ କେବେ କେବେ ଅସ୍ଥିର
ଭାବି ବସେ ମୋ କର୍ତ୍ତବ୍ୟ ମୋର
ପ୍ରିୟଜନଙ୍କର ଆଘାତ ହିଁ ସେମାନଙ୍କର
ଭଲ ପାଉଛି ଖୁବ୍ ଆବେଗରେ
ଆପଣାପଣର ଟିପ୍‌ପଣୀ ଦେଇ
ସମୟକୁ ହାତରୁ ଖସେଇ ଦେଇ ସନ୍ଦର୍ଭ ଲେଖୁଛି
କେବଳ ନିଜ ପାଇଁ, କୁଆଡେ ସାରିଦେଲି ସମୟ କେଜାଣି
ବିଭୁପଦରେ ପ୍ରାର୍ଥନା ଟିକିଏ କରିବାକୁ
ନିରୋଳା ମନଟି ପାଉନି !

ମନ ଚଞ୍ଚଳଗତିରେ ଧାବମାନ ହୋଇ
କେଉଁଠି ନେଇ କେଉଁଠି ଯୋଡୁଛି
କାହିଁକି ଏ ଅସ୍ଥିର ଚେ଼ତନାକୁ ଖୁବ୍ ସନ୍ତର୍ପଣରେ ହାତରୁ ଖସାଇ ଦେଇ
ତୁମରି ମୂର୍ଚ୍ଛନାରେ ଯୋଡ଼ି ପାରୁନି କ୍ଷଣକ ଭିତରେ ?
ମୋ ଭଲପାଇବା ଭିତରେ ନିଃସର୍ତ୍ତ ସମୟକୁ
ସର୍ମପଣ କରୁଛି ଅଣନିଃଶ୍ୱାସୀ ହୋଇ ।

ଚାଲିବା ନିଶାରେ ଚାଲୁଛି
ତାକୁ ସାକାର କରିବାକୁ ସ୍ୱପ୍ନ ଦେଖୁଛି
ଅଟକି ଯିବାକୁ ମନ ତ ଚାହୁଁନି
କର୍ମ ତ କରୁଛି
"କର୍ମ ହିଁ ଭଗବାନ"
ସେ ସବୁ ଜାଣୁଛନ୍ତି, ଶୁଣୁଛନ୍ତି ଓ ଦେଖୁଛନ୍ତି
ଏକେଲା ବେଳେ ଝୁରି ହେଲେ ତାଙ୍କୁ
ମୋର ଆଉ କି ଚିନ୍ତା ?
ସେ ମୋତେ ସିଧା ରାସ୍ତା ଦେଖାଇବେ
ମୋ ଆଖିକୁ ସତର୍କ କରାଇବେ
ସଂସାରର ଚକ୍ରବ୍ୟୂହ୍ୟରେ ପଡ଼ି ପାଇଲେ ଆଘାତ
ଚିନ୍ତା କାହିଁକି
ଭାବି ନେବି ଏ ଜନ୍ମରେ ଭୋଗିବାକୁ ଅଛି ।

।। ତିନି ।।

ଆତ୍ମାର ସାର୍ଥକତା ପାଇଯାଇଥିଲି
ଯେତେବେଳେ ତୁମେ ରାଧାଙ୍କ ସଙ୍ଗରେ ଗାଈପଲଙ୍କ ଗହଣରେ
ଆସିଥିଲ ମୋ ସ୍ୱପ୍ନର ଅର୍ଘ୍ୟଥାଳିରେ
ଏବେ ତୁମ ନିଜର ପ୍ରତିଚ୍ଛବିକୁ ବାଳକୃଷ୍ଣ ରୂପ ମାଖି
ଆଖିରେ ଦେଖି ମୁଁ ହାତ ବଢ଼ାଇଦେଲି
କାଖ କରିବାକୁ ଟିକିଏ ଅଙ୍ଗସ୍ପର୍ଶ ପାଇଁ ।
ମୁଁ ଏକ ସାଧାରଣ ନାରୀ
ବୁଝିନପାରେ ତୁମ ମାୟାର ବର୍ଣ୍ଣାଳୀ ।
ଆତ୍ମା ମୋର ପବିତ୍ର ହେଲା ସେଇ ମୁହୂର୍ତ୍ତକ ଦର୍ଶନରେ
ଆତ୍ମୀୟତାର ସତେଜ ବାସ୍ନା ଖେଳିଗଲା ମୋ ଅସ୍ଥିର ମନରେ
ଜୋର୍‌ରେ ଡ଼ାକିଲି ବୋଉ ବୋଉ
ଦେଖେ, ମୁଁ କାଖେଇଛି କୃଷ୍ଣଙ୍କୁ କେମିତି ?
ବୋଉ ତ ଦିଶୁନଥିଲା କେଉଁଠି
ବୋଉର ସ୍ୱର ନିସ୍ତବ୍ଧ ସବୁଠି
କାହିଁକି ମୋ ବୋଉ ଚୁପ୍ ପଡ଼ିଛି ?
ନୀରବତାର ଉଚ୍ଛ୍ୱାସ ମୋହରେ
ଏ କି ସମ୍ମୋହନ ଘଟିଗଲା ମୋ ଆଗରେ
କୃଷ୍ଣ ପୁଣି ପରିବର୍ତ୍ତିତ ହେଲେ ଧବଳ ସର୍ପରେ
ମୋତେ କୋଳଛଡ଼ା କରି ।
ସ୍ୱପ୍ନର ଚିତ୍ରାୟନ ଶିହୀରଣର ରହସ୍ୟକୁ
ଭଗ୍ନ କରି ମୋ ନିଦ ଭାଙ୍ଗିଗଲା
ଲୀଳାମୟ କୃଷ୍ଣଙ୍କ ପରଶରେ
ଏକ ଅଜଣା ଅଲୌକିକ ବାସ୍ନା
ମୋ ସ୍ପନ୍ଦନରେ ମହକି ଉଠି ଖେଳିଗଲା
ମୋ ମନ ପ୍ରାଣରେ ମାର୍ଚ୍ଚ ଆଠ ତାରିଖରେ ।

।। ଚାରି ।।

ତମେ ଆସିବ ଆସିବ ବୋଲି ମୁଁ କେବେ ଭାବିନଥିଲି
ଅଥଚ ତୁମେ ଖୁବ୍ କାନ ଡ଼େରିଥିଲ କେମିତି କେଜାଣି
ମୋ ଅନ୍ଧାର ମୁଲକରେ ଶୁଣାଅ ବଂଶୀସ୍ୱର
ଜଗାଅ ମୋତେ ଆଲୋକିତ କରି
ତୁମ ଚକ୍ ଚକ୍ ମୁହଁ ଦେଖିବାକୁ ମୋର ଅପେକ୍ଷା ।
କିଏ ଏ ବଂଶୀବାଦକ ଅନ୍ଧକାରଛନ୍ନ ନିସ୍ତବ୍ଧ ପ୍ରହରରେ
ହୋଇପାରେ କିଏ ତା ସ୍ୱନରେ ପଠଉଛି ସନ୍ଦେଶ
କିନ୍ତୁ ମୋ ପାଶେ ମୋ ନିଦ୍ରିତ ସ୍ୱାମୀ ଓ ମଣିଷମାନେ ମୋହଗ୍ରସ୍ତ
ନିଦର ପ୍ରାବଲ୍ୟରେ ଶୁଣିପାରନ୍ତି ନାହିଁ ତୁମ ବଂଶୀସ୍ୱନ ନିଜକର୍ଣ୍ଣ ଗହ୍ୱରରେ ।
ବେଳେବେଳେ ବିରକ୍ତ ହୋଇ ଅଧାଶୁଣା ମାୟାରେ
ଭ୍ରମିତ ହୋଇ କହନ୍ତି ଏ ଅଧରାତିରେ କିଏ
ଡ଼ାକୁଛି କାହାକୁ ବଂଶୀଧ୍ୱନି ମାଧ୍ୟମରେ
ବାରମ୍ବାର ମୋ ନିଦ୍ରାଭଙ୍ଗ କରିବାକୁ କି ?
ତଥାପି ମୁଁ ଆବାହନର ଧ୍ୱନିରେ
ଚୁପ୍‌ଚାପ ଶୁଣୁଛି ଅଭିଯୋଗକୁ
କିନ୍ତୁ ସମ୍ମୋହିତ ହୋଇଛି ଈଶ୍ୱରୀୟ ଶିହୀରଣରେ ବାରମ୍ବାର
କେଡ଼େ ନିକଟରେ ଅଛନ୍ତି ମୋ ମନର ଠାକୁର !

ମେଞ୍ଚା ମେଞ୍ଚା ଭଲ ପାଇବାର ମୁହଁରେ
କଥା କଥାକେ ଅଭିମାନରେ ଭାରି ହୋଇଛି
ମୋ ଅବୁଝା ଆବେଗରେ ଭାରି କରିଛି ତୁମ ଅସ୍ତିତ୍ୱ
ତୁମ ପ୍ରତି ଆହୁରି ଭାବନା ମୋର ଶକ୍ତ ହୋଇଛି,
ତୁମ ଛବି ବାରମ୍ବାର ଖୋଜୁଛି ।
ଜୀବନ ସଙ୍ଗିନୀ ମୁଁ
ପତ୍ନୀପଣରେ ଭାରି
ତଥାପି ତୁଚ୍ଛ ନୁହେଁ ନାରୀ ।
ସବୁ ତ ଜାଣୁଛି, ସବୁ ତ ସହୁଛି
ତଥାପି ଜୀବନକୁ ନେଇ ସୁନ୍ଦର ନକ୍ସାଟିଏ ଆଙ୍କିବାକୁ
ଚାହିଁ ବସିଛି ଅଧିରପଣରେ ।
ରକ୍ତମାଂସ ଦେହରେ କାମନା ତ ଭରପୁର
ପରିଚୟ ଭିତରେ ସମ୍ପର୍କକୁ ଯୋଡି ଖୁସି ବାଣ୍ଟୁଛି ।
ଜାଣିଛି ଜନ୍ମ ଓ ମୃତ୍ୟୁର ଖୁସି ଓ ଦୁଃଖକୁ
ନିଜର ପରର ଆପଣାପଣକୁ
ଜୀବନ ସଂଘର୍ଷରେ ବଞ୍ଚି ପାରିବ ନିସର୍ତ୍ତ ପ୍ରେମରେ
ଜୀବନ ନୁହେଁ କେବେ ମରଣ ସଙ୍ଗିନୀ ।
କିଏ ବଡ଼ କିଏ ସାନ ଭାବିପାରୁନି
ତଥାପି ବନ୍ଧନର ଶପଥକୁ ଅହୁରି ମଜଭୁତ କରିବାକୁ
ସଂସାର ନାଆରେ ବସି ଆହୁଲା ମାରିଛି ।
ତୁମର କରୁଣା ଟିକିଏ ପାଇବାକୁ
ପ୍ରତି ମୁହୂର୍ତ୍ତରେ ହାତପାତି ବସିଛି ।

।। ପାଞ୍ଚ ।।

କିଏ ଜାଣେ ପୂର୍ବଜନ୍ମ ଓ ଭବିଷ୍ୟତ ଗାଥା !
ପୂର୍ବ ଜନ୍ମରେ ରାଜସ୍ଥାନରେ ଜନ୍ମ ହୋଇ କାହାର ଭଉଣୀ ଥିଲି
କିଏ ଥିଲେ ମୋ ପିତା ମାତା ?
ପର ଜନ୍ମରେ କ'ଣ ହେବି ?
କେଉଁ କୁଳରେ ଜନ୍ମନେବି ?
କିଛି ସ୍ମରଣ ନାହିଁ
ତଥାପି ତମକୁ ଜାଣୁଥିବି ବୋଲି ଭାବୁଛି ।
    ପ୍ରତିଜନ୍ମରେ ମୋ ସାଥିରେ ରାସ୍ତା ଦେଖାଇ ଚାଲୁଥିବ
    ମୋ ଆଖିରେ ତୁମ ଛବି ଝଟକୁଥିବ
    ମୁଁ ମାଗୁଥିବି ମାଗୁଣି
    ତମେ ଶୁଣୁଥିବ କି ନାହିଁ ମୁଁ ଜାଣିନି ।
    ମୋ ପଣତକାନିକୁ ଖୋଲିଦେଇ ତୁମ ପଥ ଚାହିଁ
    ଆତୁର ସ୍ୱରରେ ଡ଼ାକୁଥିବି ବାରମ୍ବାର ତୁମକୁ ପାଇବା ପାଇଁ
    ତୁମେ ମୋ ଧ୍ୱନିରେ ପ୍ରତିଧ୍ୱନିତ ହୋଇପାରୁଛ କି ନାହିଁ ?
ମୁଁ ଯଦିଓ ନ ଜାଣିବି
ତଥାପି ତମେ ତ ଅନନ୍ତ ଅନାଦି କାଳରୁ ଚିରସମର୍ଥ
ମୁଁ କେବଳ କ୍ଷଣିକ ଭଙ୍ଗୁର ଜୀବନ ମାତ୍ର ।
ମୋ ଉଚ୍ଚାରଣ ଅତି ନଗନ୍ୟ କରି ତୋଳିପାରେ ତୁମ ମନ
ଏବେ ମଧ୍ୟ ଜୋର୍‌ଦେଇ କହୁଛି ମୋ ଅନୁଭବର ସ୍ୱରରେ
ତମେ ସମସ୍ତଙ୍କୁ ଖୁବ୍ ଭଲପାଅ ।
ଯିଏ ଆତୁରପଣରେ ଡାକିଲା
ତା ପାଖରେ ସ୍ୱଦେହରେ ଉଭା ହୁଅ
ଆଶାର ସଂଚାର କରି ।
ତା ବିଶ୍ୱାସରେ ପୁଲକ ଖେଳାଇ
ବିହ୍ୱଳିତ କରି ତୋଳିଦିଅ ମନ ପ୍ରାଣକୁ ।

॥ ଛଅ ॥

ତୁମର ସେଇ ରାଜକୀୟ ପରିପାଟୀ, ସେହି ଗୋପାଳକୃଷ୍ଣ
ମୟୁର ଚୂଳିଆ ବଂଶୀବାଦକ ଠାଣି
କିଏ କ'ଣ ମନରୁ ଲିଭାଇ ପାରେ ?
ରାଧାଙ୍କୁ ଡାକୁଥାଅ, ଗୋପୀଙ୍କ ମନ ଭୁଲାଇ ସମ୍ମୋହନ କରିଦିଅ
ହସ ହସ ବଦନରେ ଦିଗନ୍ତ ପର୍ଯ୍ୟନ୍ତ ନିଃସଙ୍ଗତାକୁ ଫୋପାଡ଼ି ଦେଇ
ପଦଚିହ୍ନର ଦୂରତ୍ୱକୁ ନିକଟତର କର ।
ନିର୍ମଳ ସମର୍ପଣରେ ଚାଲିଲେ କାଦୁଅ ତ ଆପେ ଆପେ ଶୁଖିଯିବ
ରାସ୍ତା ସୁଗମ ହେବ
ଏତେ ଚିନ୍ତା କାହିଁକି ?
ସ୍ୱପ୍ନର ସୂର୍ଯ୍ୟୋଦୟକୁ ଅପେକ୍ଷା
ନିଜ ଅନ୍ତରାତ୍ମା ବ୍ୟାକୁଳ ହୁଏ ତୁମ ଦରଶନ ପାଇଁ
ସଂକେତ ଦେବାପାଇଁ ତୁମେ ଆସିଯାଅ ମୋ ଯନ୍ତ୍ରଣା ଦୂର କରିବାକୁ
ଏଇ ତ ମୋ ପରମ ସୌଭାଗ୍ୟ !
କେଉଁ ଜନ୍ମ କି ଯୁଗର ତପ ମୁଁ ତ ଜାଣିନି
ତୁମେ ଆସି ମୋ ମନରେ ସୁଗୁଣର ବାସ୍ନା ଭର
ନିଆରା ଶିହୀରଣ ଭିତରେ ତମର ପୁଣି ବାଲ୍ୟକାଳ ଦରଶନ ।
ବହୁ ବାଟ ଚାଲିବାକୁ ଅଛି ମୋର
ନିଶ୍ଚୟ ତୁମେ ମିଳୁଥିବ ଥରକୁ ଥର
ମତେ ଟିକିଏ କୃପା କରିବ ନ ଭୁଲି
ମୁଁ ତମକୁ ଖୋଜୁଥିବି
ତମେ ମୋତେ ଚକିତ କରି
କରୁଣାବିନ୍ଦୁରେ ଶିକ୍ତ କରୁଥିବ
ଏ ମାୟା ସଂସାରରେ ମୋ ସ୍ପନ୍ଦିତ ହୃଦୟ ।

।। ସାତ ।।

ମୁଁ ରାଧା ନୁହେଁ
ତୁମ ବଂଶୀସ୍ୱନରେ ଉଠେ ଖୁବ୍ ତତ୍ପର ହୋଇ
ଅର୍ଦ୍ଧରାତ୍ରିର ଗହଳ ଅନ୍ଧକାର ଭିତରେ
କିଏ ମୋତେ ଶୁଣାଉଛି ଜାଗ୍ରତ କରିବା ପାଇଁ
ଏହି ନିଦ୍ରାଭୂତ ମନରେ ମୁଁ ଭାବିବସେ ଏ ଅବଳା ନାରୀକୁ
କ'ଣ ଦେବାକୁ ଚାହୁଁଛି କିଏ ?

ତମେ ତ ସମୟକୁ ଯୋଡ଼ି ଭାବିଚିନ୍ତି ଆସି ମୋ ସ୍ୱପ୍ନରେ
ଉଭା ହୋଇଯାଅ କେମିତି ମୋତେ ଚମକାଇ
ମୋ ଆଖି ପବିତ୍ର ହୁଏ ତୁମ ପରୋକ୍ଷ ଦିବ୍ୟ ଦର୍ଶନରେ ।
ସେଇ ଗାଈପଲ ସେଠି ରାଧା ଓ ତୁମେ
ଅପୂର୍ବ ଠାଣିରେ ଠିଆହୋଇ ଶୁଣାଉଛ ତୁମ ବଂଶୀସ୍ୱର
ମୋ ପ୍ରତୀକ୍ଷାର ଉଦାସୀନତାକୁ ପୋଛି ଦେଇ
ଈଶ୍ୱରୀୟ ଝଲକରେ ନେଇ ମୋ ମନକୁ ଟାଣି ।

ମୁଁ ଏବେ ମର୍ମର ମୋହରୁ ବିରତି ନେଇ
ତମ ସମୀପରେ ପହଞ୍ଚିଯାଇଛି ଯେମିତି
ମୋ ଝୁଲାମୁଣି ଧରି ଖୋଲି ଦେଇ ମୋ ତୃତୀୟ ନୟନ ।
ନିଜକୁ କିଛି ସମୟପାଇଁ ଭୁଲିଗଲି
ତଥାପି ରକ୍ତମାଂସ ଶରୀରରେ ଏତେ ମୋହ ଗ୍ରାସ କରିଥିଲି ଯେ
ମାଗିବାକୁ ଭୁଲିନଥିଲି ଇପ୍ସିତ ଇଚ୍ଛା ।

ତୃଷ୍ଣା ବିନ୍ଦୁ ମୋର କ'ଣ ବଢ଼ିଯାଇଛି ତୁମ ସମ୍ମୋହନରେ
ପୁଣି ଅଧିକା ଇପ୍‌ସିତ ଇଚ୍ଛା ମାଗିବାକୁ ଚାହିଁଲା ବେଳକୁ
ତମେ ମୋଠାରୁ ଦୂରକୁ ଚାଲିଯାଇଥିଲ
ହସ ହସ ବଦନରେ ।
ସତରେ ଚାଲିଗଲ ମଥୁରା ନା ଗୋପପୁର
କ'ଣ ପୁରୀର ଶ୍ରୀମନ୍ଦିରରେ ଛପନ ଭୋଗ ଖାଇ
ଦ୍ୱାରିକା ନା ବଦ୍ରିନାଥ କିମ୍ବା ରାମେଶ୍ୱରରେ ପହଁଞ୍ଚିଥିଲ
ମୁଁ ତ ଜାଣି ପାରୁନଥିଲି । ତୁମ ସୁଗନ୍ଧର ମହକରେ ମୋ
ଆତ୍ମା ଶାନ୍ତିର ଠିକଣା ପାଇସାରିଥିଲା ।

।। ଆଠ ।।

ଏହି ଅଳିକ ସଂସାର ମାୟାରେ, କେତେ କରୁଣ ମୁହୂର୍ତ୍ତରେ
ଅନ୍ଧାର ଭିତରେ ତମେ ତ ଆଲୋକ ବହ୍ନି
ତମେ ତ ଭକ୍ତର ଭଗବାନ
ବୈରାଗୀର ବନ୍ଧୁ
ସଂସାରୀ ନିଶାରେ କାହିଁ ମୋ ପାଖରେ ନିସ୍ତାର କାମନା ?
ତୁମ ବଂଶୀସ୍ୱନରେ ମୋ ମନ ତ ଆନମନା ।
ତୁମେ ତ ଅମୃତମୟ ହସ ଖେଳାଇ ଦିଅ ଅଧରରେ
ଢ଼ାଳିଦିଅ ଝୁଲାରେ ମାଗିଥିବା ଦରବଙ୍କୁ ଖୁବ୍ ଯତ୍ନରେ
ସ୍ୱପ୍ନରେ ଆସିଯାଅ ବାସ୍ତବକୁ ଧରି ନିପୁଣ ବେଶରେ ।
ମୋ ଦୃଶ୍ୟପଟରେ ତୁମ ଛବି ବାରମ୍ବାର ଝଲକୁ ଥାଏ
କାହିଁ ମୋ ପାଖରେ ନିଷ୍କାମ କାମନା ?
ସଚରାଚର ଜୀବନର ପ୍ରତିକ୍ଷେତ୍ରରେ
ଜୀବନକୁ ଚଳେଇ ନେବାକୁ ପଡ଼ିଥାଏ
କେବଳ ମୁଁ ଚାଲିଛି ତୁମ ଅଶ୍ରାକୁ ସାଥିକରି
ଅନେକ କାମନା ନିଶାରେ ମୋ ମାଗୁଣି ବଢୁଛି
ତଥାପି ଦ୍ୱିଧା ହେଉନି ମନରେ ମାଗିଲା ବେଳକୁ ଟିକିଏ ଆଶୀର୍ବାଦ ।

ତମକୁ ଦୁଃଖ ଶୁଣାଇ ଦେଲେ
ଏହି ରକ୍ତମାଂସର ମନ ହାଲ୍‌କା ହୋଇଉଠେ
ଚିନ୍ତା ସବୁ ଛୁମନ୍ତର ହୋଇଯାଏ ।
ଭାବିନିଏ ତୁମର ସମର୍ଥ ବାହୁରେ
ସବୁ ସମସ୍ୟାର ସମାଧାନ ହୋଇଯିବ ।
ତଥାପି ବେଳେବେଳେ ଅବିଶ୍ୱାସ ଝଲକରେ
ଆନ୍ଦୋଳିତ ହୋଇଯାଏ ମନ
ଦୂରେଇ ଦେବାକୁ ଚେଷ୍ଟା କରେ ନାସ୍ତିକମାନଙ୍କ ମତ ।

ଭ୍ରମିତ ମନକୁ ପୁଣି ତୁମ ସହ ଯୋଡ଼ି
ଆସ୍ତିକର ଅସ୍ତିତ୍ୱକୁ ଖୁବ୍ ଦମ୍ଭରେ ସମ୍ଭାଳି
କୁହେ ତମେମାନେ ଭୁଲ ଶୁଣଉଛ
ମୋ ଈଶ୍ୱର ହିଁ ଠିକ୍ ଓ ଖୁବ୍ ପାରିବାର
ତାଙ୍କୁ ଚିହ୍ନିଛ କେତେଥର ?
ସେ ପରା ଭକ୍ତର ହୃଦୟର ବିହ୍ୱଳିତ ମନ ।
ତମେ ତାଙ୍କୁ ଖୋଜିବାରେ ହେଉଛ କାର୍ପଣ୍ୟ ।

॥ ନଅ ॥

ବିଶ୍ୱ ବ୍ରହ୍ମାଣ୍ଡ କେଉଁଠି ଆରମ୍ଭ ଓ ଶେଷ
କହିପାରିବ କି ତମେ ନାସ୍ତିକ ମନ ବହି ?
ମୋ ଈଶ୍ୱର ନୁହଁନ୍ତି ସ୍ଥିର
ତାଙ୍କର ଲୀଳା କେଉଁଠି କେଉଁଠି ଜାଣ
ଗୋପପୁର ବାଲ୍ୟଖେଳ, ସଖା ସହୋଦର
ନନ୍ଦ ଓ ଯଶୋଦା ମାତାକୁ ଛାଡ଼ି ମଥୁରା ଯିବାବେଳେ
ଭୁଲି ଯାଇଥିଲ ଗୋପଦାଣ୍ଡ, ଷୋଳସହସ୍ର ଗୋପନାରୀଙ୍କ ପ୍ରେମ
ତା ସଙ୍ଗେ ସଙ୍ଗେ ରାଧାରାଣୀଙ୍କ ରୁଷା ଅଭିମାନ ।
    କେମିତି ଆଖିର ଲୁହକୁ ଲୁଚାଇ ରଖିଲ ମନର ନିଭୃତ କନ୍ଦରେ
    କେମିତି ମିଠାମିଠା କଥା କହି ଛାଡ଼ିଗଲ ଗୋପପୁର !
    ତୁମ ମାୟାରେ ତ ତୁମେ ଆଚ୍ଛନ୍ନ
    ଅନ୍ୟମାନଙ୍କ ଧ୍ୱନିର କ'ଣ ପ୍ରତିଧ୍ୱନି
    ଛୁଇଁ ପାରୁନଥିଲା ମନକୁ ଚହଲାଇ
    ନା ଶୁଣିପାରି ଚୁପ୍ ରହିଗଲ
    ନିୟତି ଉପରେ ଛାଡ଼ିଦେଇ !
ଏ କ'ଣ ବିଧି ନିର୍ଦ୍ଦିଷ୍ଟ ଥିଲା ତୁମପାଇଁ ?

॥ ଦଶ ॥

ମୁଁ ତୁମକୁ ଖୋଜେ ସମୟ ଦ୍ୱନ୍ଦ୍ୱରେ
ତୁମେ ଆସି ପହଞ୍ଚିଯାଅ ଠିକ୍ ସମୟରେ ।
ତାପରେ ରାତିରେ ଆଉ ଶୁଭେନି ବଂଶୀସ୍ୱନ
ତଥାପି ମୋ ଆତ୍ମାରେ ବାନ୍ଧି ହୋଇଯାଉଛି
ସେ ସ୍ୱନ ମନକୁ ହଜେଇ ଦେଇ ।
ତୁମ ମୁରଲୀରୂପକୁ ଦେଖିବାକୁ ଆଖି ଚାହିଁଛି
କୁଆଡ଼େ ଲୁଚାଇଦେଲ ତୁମ ରୂପଲାବଣ୍ୟ ?
ତଥାପି ଆଶା ରଖିଛି ତୁମଠାରେ
ଆସିବ ପୁଣି ଥରେ ମୋ ବଞ୍ଚିବା ଭିତରେ
ନିଶ୍ଚୟ ନିଶ୍ଚୟ ଆସିଯିବ ମୋ ଦୃଶ୍ୟପଟରେ ।
କ୍ଳାନ୍ତିରେ ତମକୁ ଭରାଦେଇ କହିବି
ତୋଳିନିଅ ହେ ପ୍ରଭୁ
ନିରାଶ କରନି ମୋତେ
ଶରୀରରୁ ପ୍ରାଣ ନିର୍ଗତ ବେଳେ ।
ଆଖିର ଲୁହରେ ତମ ପାଦ ଧୋଇ
ସର୍ମପି ଦେଇଥିବି ମୋ ମନ ପ୍ରାଣକୁ
ଖୁବ୍ ଆରାମରେ ତୁମ ପଦଯୁଗଳରେ
କଲୁଷତାରୁ ମୁକ୍ତ ହୋଇ
ମାୟା ସଂସାରରୁ ବିଦାୟ ନେଇ
ମୋ ପାଦଚିହ୍ନକୁ ଲିଭାଇ ଦେଇ ତୁମ ପାଖକୁ ଯିବି ମୁହିଁ
ଶୂନ୍ୟତାରୁ ପୂର୍ଣ୍ଣତା ପାଇଁ ।

।। ଏଗାର ।।

ତମେ ତ ମାନବ ରୂପେ ଅବତରୀ
ସଂସାରରେ ଲୀଳା ରଚି ଚାଲିଗଲ
ତମକୁ ଆଜି ପର୍ଯ୍ୟନ୍ତ ଖୋଜା ଚାଲିଛି,
କିଏ ପାଉଛି ତ କିଏ ନିରାଶ ହେଉଛି ।
ଖୋଜିବା ପ୍ରକ୍ରିୟାକୁ ମନରେ ଧରି
ସାଧୁସନ୍ଥ ନିରାଶ ନ ହୋଇ
ତମ ନାଁକୁ ଉଜ୍ଜ୍ୱଳ କରି ଏ ଭୁଖଣ୍ଡରେ ପଥଚାଲି
ଚାହିଁଛନ୍ତି ଚାତକପରି ତମର ଆର୍ବିଭାବକୁ ।
ତମେ ଏମିତି ମଝିରେ ମଝିରେ ଦେଖା ଦେଇ
ପୁଣି ଫେରିଯାଅ କେଉଁଠିକୁ
ତମକୁ ଜଣା ମୋତେ ହିଁ ଅଜଣା ।
ତମେ ରୂପ ପରିବର୍ତ୍ତନ କରି
କେଉଁ ରୂପ ଧାରଣ କରି ପହଞ୍ଚିଥାଅ ଆମ ଦୃଶ୍ୟପଟ୍ଟରେ !
ଆମେ ଚିହ୍ନିନପାରି ଭଗ୍ନ ହୃଦୟରେ ଘାରିହେଉ
ଖୋଜୁଥାଉ ମନର ଠାକୁରଙ୍କ ରୂପକୁ ଆଖି ସାମ୍ନାରେ
ଚିହ୍ନିନପାରି ହତାଶ ହୋଇ ଅସନ୍ତୁଷ୍ଟରେ ଘାଣ୍ଟିହେଉ ।
ତମେ ତ ଅବତାରୀ ପୁରୁଷୋତ୍ତମ
ସେଇ ସତ୍ତାରୁ ଛିଞ୍ଚିଦିଅ କରୁଣାର ଧାର
ମୋ ଗାଁ ଓଡ଼ଗ୍ରାମ

ଏଇ ଗାଁର ରଘୁନାଥ ଜୀଉଙ୍କ ମନ୍ଦିରର
ଦୀପ ଧୂପର ଗନ୍ଧ, ଘଣ୍ଟାର ଶବ୍ଦରେ
ମୋ ଚିତ୍ତ ହୁଏ ବିମୋହିତ ।
ତମ ନାମ ସ୍ମରଣରେ ମୋ ଦିନ ସରେ
ଏବେ ଗାଁଠାରୁ ମୁଁ ବହୁତ ଦୂରେ
ଦେଖିବି ବୋଲି ତବ ଶ୍ୟାମଳ ରୂପ
ଇଚ୍ଛାକରି ନିରାଶ ହେଲାବେଳେ
ତୁମେ ଆସି ଦୃଶ୍ୟ ହେଲ ଅତି ସନ୍ନିକଟରେ ।
  ଶ୍ୟାମଳ ରୂପକୁ କରି ଦରଶନ
  ଭୁଲିଗଲି ମୋ ସମୟରେ ଜ୍ଞାନ
  ଏଠି ତ ମନ୍ଦିର ।
  ଭକ୍ତି ପୁଣି ଖୋଜୁଛି କେଉଁଠି ?

।। ବାର ।।

ଆଖିରେ ବହଳ ନିଦ ମାଡ଼ିଥିଲା
ଭାବି ଭାବି ଶୋଇପଡ଼ିଥିଲି
କେମିତି ଦର୍ଶନ କରିବି ରଘୁନାଥଙ୍କୁ ?
ଏବେ ମୁଁ ବହୁତ ଦୂରରେ କରୁଛି ଅବସ୍ଥାନ ।
ଅକସ୍ମାତ ସ୍ୱପ୍ନ ରାଇଜରେ
ମୁଁ ପହଞ୍ଚିଗଲି ତମ ଦ୍ୱାରଦେଶରେ ସ୍ୱଶରୀରରେ
ଚଢ଼ି କେଉଁ କୁହୁକଯାନରେ କ୍ଷଣିକରେ
ବୁଝିପାରୁନି ମୁଁ ।
ଚାହିଁଲି ମୋ ବସ୍ତ୍ରକୁ
ତଦାରଖ କଲି ଶୁଦ୍ଧ ବସ୍ତ୍ର ପିନ୍ଧିଛି କି ନାହିଁ ?
ମୋ ସ୍ପର୍ଶରେ ମୋ ପ୍ରଭୁଙ୍କୁ ଅପବିତ୍ର କରିବିନି
ଯଦି ମୁଁ ଶୁଦ୍ଧ ପରିଧାନ କରି ନଥିବି
ଏପରି ଧାରଣା ମନରେ ଜନ୍ମାଇଲା ବେଳେ
ଏକ ଆଶ୍ଚର୍ଯ୍ୟ ଘଟଣା ଦେଖିଲି ।
ତମେ ମନ୍ଦିର ଭିତରୁ ନିଜ ଆସନ ସହ ଆସି
ମୋ ପାଖରେ ଦଣ୍ଡାୟମାନ ।
ଅଧୀରପଣରେ ତୁମ ପାଦ ଦୁଇଟିକୁ ଛୁଇଁ ଦେଲି
ତୁମକୁ ପାଖରେ ପାଇ ଅବେଳରେ ।
ହେ ପ୍ରଭୁ କ୍ଷମାକର ମୋତେ
ମୁଁ ତ ନିମିତ୍ତ ମାତର, ପୂଜାବିଧି କିଛି ଜାଣିନି ତୁମର
ତଥାପି ଭଜୁଥାଏ ଡ଼ାକୁଥାଏ ତୁମକୁ ବାରମ୍ବାର
ତମେ ଆସି ପହଁଞ୍ଚିଯାଇ ମୋତେ ଧନ୍ୟ କଲ ।
ତମର ଏ କି ମହିମା
ମୋତେ ଅଗୋଚର । ତମ ରୂପ ଦରଶନେ
ମୋ ମନର ବାସ୍ନା ଚହଟୁ ଥାଉ ବାରମ୍ବାର ।

।। ତେର ।।

ସଂସାର ତରଣୀ ଭେଳାରେ ବସି ଆହୁଲା ମାରି ଯାଉଯାଉ
ମୋ ଅସହାୟ ଓ ଅଧୀର ବେଳେ
ତମେ ତ ସାହା ହୋଇ
ମୋ ସମସ୍ୟାର ସମାଧାନର ବାଟ ଖୋଜିଦିଅ ।
ମୁଁ ସମସ୍ୟାକୁ ତୁମପାଦରେ ସମର୍ପି ଦେଇ
ନିଶ୍ଚିନ୍ତରେ ତମ ଫଳକୁ ଅପେକ୍ଷା କରିଥାଏ ।
ନିରାକାରରୁ ପ୍ରକଟ ହୋଇ ଆକାରରେ
ମୋ ଆଗରେ ଦମ୍ଭରେ ଠିଆହୁଅ
ମୁଁ ନିଜକୁ ପ୍ରଶ୍ନକରେ କେତେ ଦୁଃଖ ଲଦିବି ତୁମ ଉପରେ ?
ତଥାପି ମୋ ଦୁଃଖକୁ ତୁମେ ସାଦରେ ଗ୍ରହଣ କରିନିଅ
କେମିତି ନିରବତାର ଅଦୃଶ୍ୟାନ୍ତରରେ ?
ମୋ ଦୁଃଖର ସମାଧାନ ପାଇଁ ମୋ ପତି ନୁହନ୍ତି ବିଚଳିତ
ମୋ ଉପରେ ଭାବିବାକୁ ଛାଡ଼ିଦେଇ ହୁଅନ୍ତି ନିଶ୍ଚିନ୍ତ
ସେ ସମୟ ରଥରେ ଚଞ୍ଚଳ ମନ ନେଇ ଚଲାଇଥାଆନ୍ତି
ସତେ ତାଙ୍କର କିଛି ଅସୁବିଧା ନାହିଁ ।
ନାରୀଟିଏ ମୁଁ, ଜନ୍ମିଛି ସହିବାକୁ ସଂସାର କଷଣ,
ଭାବିବା ପାଇଁ ମନଟି ନୁହେଁ ମୋଠାରୁ ଭିନ୍ନ ।

ମାୟାଚକ୍ରରେ ମୁଁ ହିଁ ଘୁରୁଛି,
ଆବୋରିଛି ଘରର ଅଳିଅର୍ଦ୍ଦଳି
ତଥାପି ଅବୁଝା ମନଟି ତୃପ୍ତିର ସହାସ୍ୟ ବଦନରେ
ଉଡ଼େଇ ଦିଏ ଦୁଃଖମାନଙ୍କୁ କେବେ କେବେ
ରୋଗଭୟ ଆଳର ଭୟରେ ।
ତଥାପି ରୋଗ ହିଁ ତୁମେ ଦୂର କରି ପାରିବ
ମୁଁ ମୋ ପାଇଁ ଏତେ ବିମର୍ଷ କାହିଁକି ?
ସଂସାରତ୍ୟାଗୀ ମା'ଟିଏ ମୁଁ ନୁହେଁ
କର୍ତ୍ତବ୍ୟର ବୋଝରେ ଭାରି ମୁଁ
ମନକୁ ନିର୍ଦ୍ଦେଶ ଦିଏ, କିଏ ବୁଝୁ କି ନ ବୁଝୁ ମୋତେ
ଜଣେ ତ ପାଖରେ ଅଛନ୍ତି
ମୋ ସମାଧାନକୁ ଭଲରେ ବୁଝୁଛନ୍ତି
ମୋର ଚିନ୍ତା କାହିଁକି ?

॥ ଚଉଦ ॥

ହସିଲି ମନକୁ ମନ
ମୋ ପାଇଁ ଜଣେ ତ ଭାରି ଅଛନ୍ତି ଭାବୁଛନ୍ତି
ମୋ ଭାଗ୍ୟ ଓ ଭବିଷ୍ୟତକୁ ସମର୍ପି ଦେଇ
ତାଙ୍କ ପାଦ ତଳେ ଚିନ୍ତାକୁ ଭୁଲିଛି ।
ଏମିତି ସମୟ ମଧ୍ୟ ଆସିଯାଇଛି
ଆଖିରୁ ଲୁହକୁ ପିଇ ବଞ୍ଚିଛି ମିଥ୍ୟାଙ୍କ ମେଳରେ
ସତ୍ୟ ମିଥ୍ୟାର ପରିଭାଷାକୁ ପରଖିଛି ।
ସେତେବେଳେ ମିଥ୍ୟାମାନେ ସତ୍ୟ ହୋଇ
ନିଜ ବଡିମାର ପରାକାଷ୍ଠାର ଅବତରଣ ବେଳେ
ଚୁପ୍ ଚାପ ମିଥ୍ୟା ଗରଳକୁ ପିଇ
ସହିବା ଶିଖିଛି ।
ଭାବିଛି ଯିଏ କହୁଛି କହୁଥାଉ
ଏଇ ପୃଥିବୀରେ ଅନ୍ଧାର ଆଲୋକ ଭିତରେ
ବିଭିନ୍ନ ଅବିଗୁଣ ପରିପୂର୍ଣ୍ଣ
ଅମରତ୍ୱ ପାଇ କିଏ ବଞ୍ଚିବେନି
ଯେତେ ଅମର ପଦକ ପାଇଲେ ମଧ୍ୟ ଯୁଗଯୁଗ ପାଇଁ
ସତରେ କ'ଣ ସ୍ଥାୟୀ ?
କେବଳ ମାନବିକତାକୁ ଧରି
ବଞ୍ଚିବାକୁ ବାଟବଣା ନକରି

ଚାଲିବାକୁ ହେବ ବହୁ ଦୂର
ଅନ୍ୟର କଥାରେ ବ୍ୟଥାତୁର ନହୋଇ,
ଅମର ପଦଟିଏ ଲଟକେଇ ଦିଅନ୍ତି କି ?
ଏଇ ଇଚ୍ଛାକୁ ଧରି ଚାଲୁଚାଲୁ ସମସ୍ତେ ଏଠି
ଅସହାୟ ବନ୍ଧନରେ ଜର୍ଜରିତ ।
କେବଳ ସହାୟତାର ରଜ୍ଜୁ ଧରିଛ ହେ ପୁରୁଷୋତ୍ତମ
ତୁମ ପରି କିଏ ଆଉ ସରି ନୁହନ୍ତି
ତୁମେ ନିଶ୍ଚୟ ଶୁଣ ଭକ୍ତର ମନୋରଥ ।
ତମେ ହିଁ ପରିପୂର୍ଣ୍ଣମୟ ବ୍ରହ୍ମାଣ୍ଡ ଠାକୁର ।

।। ପନ୍ଦର ।।

ତୁମ ସ୍ୱର ହିଁ ଲକ୍ଷ୍ମଣଗାର
ତୁମ ପ୍ରୟାସ କେବେ ନୁହଁ ବ୍ୟର୍ଥ
ତୁମେ ହିଁ ଆଲୋକ ଆଶାର ସମ୍ଭାର
ତୁମେ ମୋର ପ୍ରତୀକ୍ଷିତ ଈଶ୍ୱର ।
ତୁମେ ଅଭୀପ୍ସା ଇଚ୍ଛା କରିଛ ପୁରଣ ମୋ ନିର୍ଲିପ୍ତ ମନରେ
ଆୟୁଷ ଫିତା ଲମ୍ବିଯାଇଛି ତମ ଶକ୍ତିର ପ୍ରଭାବରେ ।
ଏ ଜନ୍ମକୁ ଉପେକ୍ଷା କରି ହେବନି
ପରଜନ୍ମକୁ ପ୍ରତୀକ୍ଷା କରିବି ବୋଲି ଭାବିନି
ନିଜର ଅସ୍ମିତା ଭିତରେ ।
ଏହି ସଂସାରରେ ଜୀଇଁବା ଶିଖିଲି
ନାରୀଟିଏ ବୋଲି ଅବଳା କରିପାରିବିନି ନିଜକୁ
କେବେହେଲେ ନାରୀତ୍ୱର ମହନୀୟତାକୁ
ପୁରୁଷଠାରୁ କମ୍ ନୁହେଁ ଭାବିବାକୁ ନଥିବ ମନରେ ।
କୌଣସି ଦିନ ଏକ ଶୁଭ ମୁହୂର୍ତ୍ତଟିକୁ ଧରେଇ ଦେଇଥିଲ
ମୋ ଆଞ୍ଜୁଳାରେ
ମୋ ଆତ୍ମବିଶ୍ୱାସ ଝଟକି ଉଠିଥିଲା ।
ତମେ ହିଁ ଭରିଦେବ ମୋ ଆଶାର
ସ୍ୱର୍ଣ୍ଣାଭ ମୁହୂର୍ତ୍ତ
ଏଇ ତ ମୋର ହେବ ସୌଭାଗ୍ୟ ।

।। ଷୋହଳ ।।

ବେଳେବେଳେ ଖୁବ୍ ଉଦ୍‌ବିଗ୍ନ ହୋଇଉଠେ
ଜୁଆରିଆ ଲୁଣ ସମୁଦ୍ର ପାଣିରେ ଭାସିଯାଉଥିବା ପରି ଲାଗେ
ଆର୍ତ୍ତ ଚିତ୍କାର କରି ତୁମକୁ ହିଁ ଡାକେ
ଯଦିଓ ତମ ଠିକଣା ମୋତେ ଅଜଣା
ମନ୍ଦିରର ପୂଜିତ ତମ ମୂର୍ତ୍ତୀକୁ ସ୍ମରଣେ,
ପୁଣି କେମିତି ତମ ଜୀବନ୍ତ ପ୍ରତିରୂପ ଆଙ୍କି ହୋଇ
ମୋ ତୃତୀୟ ନୟନରେ
କଥା କୁହେ ମୋ ସ୍ୱପ୍ନର ସମୟରେ
କି ମନୋହର ରୂପ ସତେ !
ତୁମର ପୁନର୍ବାର ଆଗମନକୁ ମୋ ପ୍ରତୀକ୍ଷା ବାରମ୍ବାର
ଅବେଳରେ ଖୁବ୍ ମନେ ପଡ଼ ।
ଯେତେବେଳେ ମନଟି ସଂସାର ଯନ୍ତ୍ରଣାରେ ଜର୍ଜରିତ
ସେତେବେଳେ ଆତୁର ସ୍ୱର ଓଠରେ ଭରେ କେମିତି କେମିତି
ଅନିଦ୍ରା ବାଟଭାଙ୍ଗି ଲୁଚିବସେ ।
ତବ ନାମ ସ୍ମରିସ୍ମରି ଭାବନାରେ ଆକ୍ରାମାକ୍ରା ହୋଇ
ମୋହ ଓ କାମନାକୁ ଦୋଷୀ କରି ବସେ ମୁଁ ।

ମନର ଆସକ୍ତିର ଦୁର୍ବଳତା ନିହାଣ ମୁନପରି
ମୋତେ କ୍ଷତବିକ୍ଷତ କଲାବେଳେ
ସାହା ହେବା ପାଇଁ ଆଉ କିଏ ନିଜର ଅଛନ୍ତି ?
ତମେ ହିଁ କେବଳ ମୋର ଖୁବ୍ ଆପଣାର
ପତିତପାବନ ଚରଣ ଯୁଗଳେ ମୋର ଚିତ୍ତ
ଲାଗି ରହୁ ନ ହୋଇ ବିଚଳିତ
ହେ ମହାବାହୁ !
ସବୁ ତ ଦେଇଛ ତଥାପି ମାଗୁଛି ମୁଁ
ଅଲିଅଳୀ କନ୍ୟାଟିଏ ହୋଇ
ଏହି ସଂସାର ପଥରେ ଝରି ପଡୁ ତୁମର ଆଲୋକ
ମୋ ଦୃଶ୍ୟପଟରେ ଝଲକି ଥାଉ ତମ ମୁହଁ
ମୋ ଅନ୍ତରାତ୍ମାର ଦୁଃଖ ହରି ଦେଇ ।

॥ ସତର ॥

ମୁଁ ନୁହେଁ ସ୍ୱାଧୀ କି ସନ୍ୟାସିନୀ
କେବଳ ଏକ ଗୃହିଣୀ,
ଖଣ୍ଡ ଖଣ୍ଡ ଭୂମିକାର ଜୀବନକୁ
କୁଳୁ କୁଳୁ ସ୍ୱରରେ ସ୍ୱାଗତ କରି
ଆଖ୍ୟା ନେଇ ବହିଥାଏ ନାରୀର ଜନ୍ମରୁ
କନ୍ୟା, ପତ୍ନୀ, ମାତା ଓ କେତେକେତେ ଭିନ୍ନ ଡ଼ାକର ନାମ ବହି ।
କି ଦେଇ ପୂଜିବି ତୁମକୁ ବୁଝାଏ ମନକୁ ।
        ଦୀର୍ଘଶ୍ୱାସରେ ଭରେ ମନ ଦିନେ ଦିନେ
        ଭାବେ ତୁମେ ତ ସବୁ ଦେଇଛ
        ଟିକିଏ ଭକ୍ତି ଭରିଦିଅ ମୋ ଅନ୍ତର ଭିତରେ
        ଭକ୍ତିର ମହକରେ ଆପେ ଆପେ
        ସୁଗନ୍ଧିତ ହେବ ମୋ ଆତ୍ମା, ମୋ ପୂଜାର ହୋମାଗ୍ନିରେ
        ଲୋଡ଼ା ନାହିଁ ମୋର ଡ଼ାଲା ଡ଼ାଲା ପୂଜାଫୁଲ
        ଓ ହରେକ ରକମର ଫଳ ।
        ମୋ ପ୍ରାର୍ଥନା କେବଳ ମୋ ଭାବପ୍ରବଣତା
        କେବେକେବେ ଯାକୁ ତାକୁ ନେହୁରା ହୋଇ କହି କହି

ନିରାଶ ହେଲା ବେଳେ ଭାବି ବସେ
ମୋ କଥାର କ'ଣ ମୂଲ୍ୟ ନାହିଁ ?
ମନକୁ ସ୍ୱାନ୍ତନା ଦିଏ ।
ପୂଜା ପାଇଁ ଏତେ ଅନ୍ୟମାନେ ବିମୁଖ କାହିଁକି ?
ଠାକୁର ସବୁଠି ବିଦ୍ୟମାନ
ସେ କ'ଣ ପଢ଼ି ପାରିବେନି ମୋ ଅଭାବୀ ମନକୁ ଅନ୍ତରଭରି
ସେ ହିଁ ସାକ୍ଷୀ ମୋ ଅନୁରାଗର
ସେ ହିଁ ଦୟାର ଭଣ୍ଡାର
ସେ ହିଁ ସର୍ବଦାତା ଏ ଧରାର
ତାଙ୍କ ଦ୍ୟୁତିରେ ଅଙ୍କୁରିତ ହୋଇ ହୁଏ ସଚଳାଚଳ ଜଗତ
ଜୀବନ୍ତ ହୋଇ ଲମ୍ବିଥାଏ ବିଶ୍ୱ ବ୍ରହ୍ମାଣ୍ଡକୁ ।
ମୁଁ ଏକ ନିମିତ୍ତ ମାତର
ମୋ ମନର ଆବିଳତା ନିଷ୍ପ୍ରଭ କର ହେ ପରମେଶ୍ୱର !

।। ଅଠର ।।

ଅନ୍ଧକାର ରାତ୍ରିର ଖାଁ ଖାଁ ନିଶା ଗର୍ଜନ ବେଳେ
ତମେ ଆଲୋକ ଶିଖାଟିଏ ହୁଅ ମୋ ଆଖି ସାମ୍‌ନାରେ ।
ମୋର ଭୟ କ'ଣ, ମୋ ନିଃସଙ୍ଗତା କ'ଣ ?
ତମେ ସଖା ମୋ ଜନ୍ମ ଜନ୍ମର
ଅତି ବିପଦ ବେଳେ ତମେ ଅଦୃଶ୍ୟ ଶକ୍ତି ବଳରେ
ଟାଳି ଦିଅ ବିପଦ ଆପଦକୁ ।

ହଠାତ ବୁଝିବାକୁ ବାକି ରୁହେନି ମୋର
ତମ ବିନା କିଏ କରନ୍ତା ଏପରି ସମ୍ଭବ
ତମେ ଥିଲେ ମୋ ପାଖରେ ଚିନ୍ତା ନାହିଁ ମୋର
ନିଜ ମାଗୁଣିର ଅସଫଳତାକୁ ନେଇ
ଭାବି ବସେ ସତରେ ଏଇଟା ଆମ ପାଇଁ ମଙ୍ଗଳପ୍ରଦକର ।
ଖାଲି ତୁମେ ଜାଣିଥିଲ
ଯାରି ଭିତରେ ନିଶ୍ଚୟ କିଛି ଲୁକ୍‌କାୟିତ ହୋଇ ଉତ୍ତମ
ସତ୍ତାଟିଏ ଥିବ, ଯିଏ ଅତୀତକୁ ଜାବୁଡ଼ିବାକୁ ଶକ୍ତି ପ୍ରଦାନ କରିବ ।

ମୋ ଖରାପ ଭାବନା ଫଳ ସ୍ୱରୂପ ଭିତରେ
କେବଳ ଉତ୍ତମ ଫଳ ଝୁଲୁଥିବ ନିଶ୍ଚୟ ।

ମୁଁ ତ ନାଚାର ଅଟେ ଭବିଷ୍ୟତ କଳ୍ପନାର
ଖାଲି ପଣ୍ଡେଇ ହୋଇ ଭଙ୍ଗାମନକୁ ନିନ୍ଦି ବସିଲେ
କିଛି ଲାଭ ନାହିଁ ।
ତମେ ହିଁ କେବଳ ହସୁଥିବ ମୋ ଅଜ୍ଞତାକୁ ଚାହିଁ
ମୁଁ ଏକ ସାଧାରଣ ନାରୀ
ଅଗ୍ନି ଭିତର ଶୀତଳତାର ସ୍ୱରୂପକୁ କୁଆଡୁ ଚିହ୍ନିବି ?
ବରଫ ଭିତର ଉତ୍ତାପକୁ କୁଆଡ଼େ ବୁଝିବି !
ତୁମ ଇଶାରାକୁ ବୁଝିନଥିଲି ବୋଲି
ସ୍ୱଭିମାନରେ ଭାରି ହୋଇ
କେତେ କ'ଣ ଭାବିଥିବି ଆଉ ମନେ ନାହିଁ ।
କ୍ଷମା କରିଦେବ ବୋଲି କରେ ନିବେଦନ
ମୋ ଚଞ୍ଚଳା ମନଟା ପରା ଭାରି ଅମାନିଆ
କେତେବେଳେ କ'ଣ ଚିନ୍ତା ନକରି
ମୋ ହୃଦୟ ଅଗଣାରେ
ତମ ପ୍ରେମ ସଞ୍ଚରିଯାଉ ଜୀବନ ଭୋଗରେ ।
ମୁଁ ଭିଜୁଥିବି ତୁମ ପ୍ରତୀକ୍ଷାରେ
ଆତ୍ମତୃପ୍ତି ପାଉଥିବି ତୁମ ଆଗମନର ଖୁସି ମୁହୂର୍ତ୍ତରେ ।

।। ଉଣେଇଶ ।।

କାହିଁକି ମନରେ ଭରେ ଅବଶୋଷ
ତମେ ମୋ ହୃଦୟରେ ଥାଉ ଥାଉ ?
ମୋ ଆଶା କେତେବେଳେ ହତାଶାରେ ଅଧିର ନହେଉ
ତମେ ସଫଳତାର ସାହାରା ପାଇଁ ଶ୍ରେୟ
ସଫଳ ସୌଧଟିଏ ଗଢି ଦେବ ଖୁବ୍ ଅକ୍ଳେଶରେ,
ଯାବତ ଚିନ୍ତନ ସବୁ ସମର୍ପିତ କରେ ତୁମ ପାଦ ତଳେ
ତୁମେ ନୁହଁ ବିବଶତା କି ଅସହାୟତାର ଈଶ୍ୱର
ହୃଦୟର ବିଶ୍ୱାସ ଶ୍ଳୋକରେ ତମେ ହୁଅ ଦୃଶ୍ୟ
ପ୍ରତୀକ୍ଷାର ଆତ୍ମୀୟତାର ଉଚ୍ଚାଟ ଭିତରେ ।

ତୁମେ କ'ଣ ଯମୁନା କୂଳରେ
ବଂଶୀର ଧ୍ୱନିରେ ସନ୍ଦେଶ ଭରି
ଜାଗତ୍ର କରାଅ ଭକ୍ତ ମନରେ ?
ତୁମେ ଦୃଶ୍ୟ କି ଅଦୃଶ୍ୟ ହୁଅ
ତୁମର ଭାବନାରେ ତୁମ ପ୍ରତିକୃତି
ତୁମର ସତ୍ତାରେ ମୋତେ ଆଚ୍ଛନ୍ନ କରି
ମୋ ଲୁହକୁ ଶୁଖାଇଦିଏ
ଆଖିରେ ଝଟକି ଉଠେ ଝଲମଲ ତାରାଙ୍କ ଝଲକ ।

ନିଜକୁ ଭାରି ଦୋଷୀ ମନେକରେ ଦୀର୍ଘଶ୍ୱାସ ଛାଡ଼ି
ତମେ ତ ନିର୍ଦ୍ଦୋଶ ହୋଇ ମୋ ଅଭିମାନରେ
ହୋଇଯାଇନ କି ଭାରାକ୍ରାନ୍ତ ?
ମୁଁ ମାମୁଲି ମଣିଷଟିଏ
ଭୁଲଭଟକା ହୋଇ ଯାଇଥିବ ରୋଷ ବେଳେ ।
ତୁମ ବଡ଼ପଣରେ ମୋତେ କ୍ଷମା କରିଦେବ,
ମୋ ଉପରେ କରୁଣାର ରେଣୁ ଟିକିଏ ବିଞ୍ଚି ଦେଉଥିବ ।
ସତ କହୁଛି ମୁଁ
ମାୟାଛନ୍ନ ଅବଧି ଭିତରେ ମିଠାକୁ ଜାବୁଡ଼ି ଧରିଛି ।
ଇନ୍ଦ୍ରିୟର ତୁଷ୍ଟ ପାଇଁ ତୁମକୁ କାତର ହୋଇ ଡ଼ାକୁଛି
ମୋ ଶୂନ୍ୟସ୍ଥାନକୁ ପୁରଣ କରିବା ପାଇଁ ।
ତୁମେ ଧୈର୍ଯ୍ୟଧରି ଆସିଗଲା ବେଳେ
ଜୀବନ ନିର୍ବାହ ହୁଏ ତୁମ ସାନିଧ୍ୟରେ ।

॥ କୋଡ଼ିଏ ॥

ବ୍ୟାକୁଳତାରେ ଛଟପଟ ହେଲା ବେଳେ,
କଳାମେଘର ଦୀର୍ଘଶ୍ୱାସ ଛୁଇଁ ଗଲାବେଳେ
ମନ ତ ଠିକ୍ ରହୁନି ।
ଯାହା ମନକୁ ଆସିଲା ଅବସାଦର ଅଧିରପଣରେ
କାହାକୁ କ'ଣ କହିଲି ଅଭିମାନରେ
ଆଉ ମନ ତ ନଥିବ
ତଥାପି ସବୁ ଜ୍ଞାତ ହେ ତୁମେ !
କ୍ଷମା କର ହେ ପ୍ରଭୋ ମୋତେ
ଦୂରକର ମୋ ଅମଙ୍ଗଳ ଚିନ୍ତାର କାରଣ
ସୁଗୁଣରେ ଭରିନିଅ ମୋ ଅନ୍ତର
ମୋ ବିଚାରବୋଧରେ ଭର ଉତ୍ତମ ଆଚରଣ ।
ସୁମଣିଷରୁ ହେବିନି ମୁଁ କେବେ ପଥଚ୍ୟୁତ
ଦିଶୁଥାଉ ସୁଗୁଣ ହୋଇ ଚକ୍‌ଚକ୍
ସଂପର୍କର ସଞ୍ଚାରେ ବୁଡ଼ି ମାୟାରେ ଭାସୁଛି
କେମିତି ଦୂରେଇ ଦେବି ଦୃଶ୍ୟପଟର ଝଲକକୁ ?
ସମସ୍ତେ ଏଠି ନିଜର
ଏହି ସଂସାରରେ ଜନ୍ମ ହୋଇଛି ତ
କର୍ମରୁ ହେବିନି ବିଚ୍ୟୁତ ।

ଆପଣପଣରେ ଛନ୍ଦି ହୋଇ ପୃଥିବୀ ଛାଡ଼ିବି ତ ଦିନେ
କାହିଁକି ଅପବାଦକୁ ମୁଣ୍ଡାଇ ଯିବି ଜ୍ୱଳମାନ ଜୁଇରେ ?
ଶାନ୍ତି ମୈତ୍ରୀର ବାସ୍ନା ସଞ୍ଚରିଯାଉ ସମସ୍ତଙ୍କ ପ୍ରାଣରେ
ହସିବ ସୂର୍ଯ୍ୟାଲୋକର ଅଭିପ୍ସା ଆମ ପୃଥିବୀରେ ।
କାହିଁକି ଏତେ କାକୁସ୍ତପଣ ?
ବିଭୁ କରୁଣାର ନିର୍ଦ୍ଦେଶରେ ଚାଲିବା ହିଁ ଶ୍ରେୟସ୍କର !
ଜିଇଁବାର ସ୍ୱପ୍ନ ସାକାର ହେବ ତୁମ ଆରାଧାନାରେ
ଶୁଭ ଆଶୀର୍ବାଦ ହିଁ ଝରିପଡୁଥିବ ଭକ୍ତର ମସ୍ତକରେ ।

।। ଏକୋଇଶି ।।

ପ୍ରଭୁ ତୁମ ରାସ୍ତା ତ ଆଲୋକର ରାସ୍ତା
ମନ ତ ଆଲୁଅର ଦୀପଟିଏ,
ତୁମେ ହିଁ ଈଶ୍ୱର
ତୁମେ ପରଂବ୍ରହ୍ମ ।
ଜନ୍ମର ଆରମ୍ଭରୁ ଓ ଜନ୍ମର ଶେଷ ପର୍ଯ୍ୟନ୍ତ
ତୁମ ପାଦତଳେ ମୁଁ ହିଁ ସମର୍ପିତା
ଅନ୍ୟର ଉପେକ୍ଷାରେ ମନରେ ବିଷ ଭରେ
ତଥାପି ଭଲପାଇବାର ଦ୍ୱାହି ଦେଇ
ନିଜକୁ ସମ୍ଭାଳେ
ହାତମୁଠାକୁ ଶକ୍ତ କରେ
ସମୟର ଶବ୍ଦଭେଦୀ ବାଣ ଭିତରେ
ଆକ୍ରାମାକ୍ରା ମନକୁ ହାରିଯିବା ପାଇଁ ନ ଚାହିଁ
ସମୟ ପୃଷ୍ଠାରେ ଅଙ୍କ କଷେ ।
ଅଣଚାଷ ପବନକୁ ଜବରଦସ୍ତି ମନରୁ ଫିଙ୍ଗିଦିଏ
ନାରୀତ୍ୱର ମାତୃତ୍ୱ ଝଲକରେ ହିଁ ନୂତନ ସିଦ୍ଧାନ୍ତ ନିଏ
ନାରୀ ଖୁବ୍ ଶକ୍ତ ନିଜ ସୃଷ୍ଟିରେ
ଜନ୍ମରୁ ଶୁଣିଶୁଣି ଶିଖିଶିଖି ଅନେକ ସମର୍ପଣକୁ
ମୁଣ୍ଡପାତି ଜିଇଁବା ଶିଖିଛି
ତଥାପି ସ୍ୱାଭିମାନର ଦମ୍ଭରେ ବଞ୍ଚିବା ମଧ୍ୟ ଭୁଲିନି ।
ଯେତେବେଳେ ଅନ୍ୟର ବିବେକ ହୁଏ ବାଟହରା
ସେତେବେଳେ ଅବଳା ନାରୀ ହୋଇ ଚୁପ୍‌ଚାପ୍
ତାମସା ଦେଖିବ ତ ନାହିଁ
ଚୁମ୍ବକୀୟ ସମ୍ପର୍କକୁ ଚିହ୍ନିବାକୁ ନେଇ ସମ୍ପର୍କକୁ ଏକାଠି କରିଛି ।
କେବେକେବେ ନିଜ ଚେତନାର ଚୌହଦୀରେ ପୀଡ଼ା ଗୋଟାଇଛି

ଯେବେ ଯେବେ ପାଖର ବିଶ୍ୱାସ ଟିକକ ବାଟହରା ହୁଏ
ବିବେକ ହିଁ ଚାହିଁବ ପରିବାରର ସ୍ୱପ୍ନ ଏକତ୍ର ହେଉ ବିକଶିତ ।
ସୁଖଦ ଅନୁଭୂତିର ଆତ୍ମବିଶ୍ୱାସର ଫଳ ନିଶ୍ଚୟ ପଡ଼ିବ ଅଜାଡ଼ି ହୋଇ
ଅନ୍ଧକାର ମଧ୍ୟ ଆଲୁଅ ସନ୍ଧାନରେ ପ୍ରତିବିମ୍ବ ହେବ ।
ମା'ଟିଏ ପରା ପ୍ରୀତିର ପ୍ରତିଛବିରେ ସ୍ୱପ୍ନମାନଙ୍କୁ ସୁସ୍ଥ କରିବ
ଅଙ୍କୁରିତ ଆଶାରେ ହିଁ ସୃଷ୍ଟି ଚ଼ଳତକ୍ଷମ
ପଙ୍ଗୁ ଅବିଶ୍ୱାସକୁ ମାଧ୍ୟମ କରି ନିଜକୁ ଅସହାୟ କରିବ କାହିଁକି ?
କର୍ତ୍ତବ୍ୟବୋଧରେ ମା' ହିଁ ଖୁବ୍ ଅକ୍ଳେଶରେ
ହୋଇଯିବ ପାରି
ଖାଲି ଟିକିଏ ତୁମର କରୁଣା ପଡୁ ଝରି ।
ମୋ ମନର କୋମଳତାର ଫୁଲ ପୁଣି ଶକ୍ତ ହେବ
ମୋ କାନରେ ତୁମ ମଧୁର ମୂର୍ଚ୍ଛାନାର ସ୍ୱର ହିଁ ଶୁଭୁଥିବ ।
ଜୀବନର ନିଆଁଧାସରେ ମନ ତ ସନ୍ତୁଳିତ
ତଥାପି ଛଟପଟ ହୃଦୟରେ ଖେଳାଇବାକୁ ଚାହେଁ
ହସର ଲହରୀ ।
ଭାବେ ସବୁ ମାୟା । ଭାଗବତ ଗୀତା ତ ଭୁଲିନି
ଅଧୀରପଣ କାହିଁକି ?
ପ୍ରଶଂସା କି ନିନ୍ଦାର ମୁହୂର୍ତ୍ତରେ
ବିଚଳିତ ନୁହେଁ ସ୍ଥିର ମନ
ଟିକିଏ ଧୈର୍ଯ୍ୟ ଧରି ଚାଲୁଚାଲୁ
ସମୟ ସାଙ୍ଗରେ ସବୁ ଠିକ୍ ହେବ
ଅତୀତ ହିଁ ମହମହ ବାସ୍ନାରେ ବିକଶିବ ।

॥ ବାଇଶି ॥

ମୁଁ ମନେ ମନେ ଖୋଜେ ତୁମକୁ
ଧାଉଁଛି ତୁମ ନିର୍ଦ୍ଦେଶରେ ।
ଜୀବନର ଗତିର ଡ଼ୋରି ତୁମ ହାତରେ ଅଛି
ପ୍ରତି ଜୀବ ଅନ୍ତଃକରଣର ଶୁଦ୍ଧତା ପାଇଁ
ଦିନେ ଅବତାର ନେବ
ସେତେବେଳେ ସ୍ୱର୍ଗଧାମ ଛାଡ଼ି ପୁଣି ମର୍ତ୍ତ୍ୟକୁ ଆସିବ ।
ଅନ୍ଧକାର ଇଲାକାକୁ ଦୂର କରି
ଆଲୋକ ଭରିବ
ଆଜିର ମଣିଷ ସ୍ୱାର୍ଥପର ସ୍ରୋତରେ
ହୃଦୟରେ ଅଳନ୍ଧୁ ଭର୍ତ୍ତିକରି ତୁମକୁ ଭୁଲିଛି ।
ତୁମେ ତ ପବନ ତଳେ ଚାହିଁ ପରଖୁଛ ଦୃଷ୍ଟି ପଥକୁ
ଅନ୍ୟର ଆଢୁଆଳରେ
ଅବିଶ୍ୱାସର ଚିତ୍କାରରେ ବଧିରା ହୁଏ କର୍ଣ୍ଣ
ତଥାପି ମନର କୋଠରି ଭିତର ସଂପର୍କର ମୋହକୁ
ସଜାଡ଼ିବାକୁ ଜନ୍ମିଛିବୋଲି ଆତ୍ମାର ଅନ୍ତଃକରଣରେ
ତୁମ ନାମକୁ ସ୍ପର୍ଶକରେ ।
ପୁଣି ଆଙ୍କି ଚାଲେ ସୁନ୍ଦର ନକ୍ସା ଗୃହର
ମୋ ପାଣି କୁଣ୍ଡରେ ଫୁଟାଏ ନୀଳକଇଁ
କେବେକେବେ ତୁମକୁ ସମର୍ପି ଦେଇ
ଦେଖିବାକୁ ଚାହିଁ ବସେ ତୁମରି ହସ
ଅଥଚ ତୁମେ ଫୁଟାଇଛ ଏହି ଫୁଲ
ମୁଁ କେବଳ ତାକୁ ତୋଳିନିଏ
ତୁମ ମସ୍ତକରେ ଚଢ଼ାଇବା ପାଇଁ ।

।। ତେଇଶି ।।

ଅସମ୍ଭବକୁ ସମ୍ଭବ କରିବା ବିଶ୍ୱାସ
ତୁମେ ହିଁ ମନରେ ଭର ।
ତୁମେ ହିଁ ଅସୁର ନିପାତ କରି ପୃଥିବୀରେ
ଶାନ୍ତି ସଂସ୍ଥାପନ ପାଇଁ ଆଗେଇ ଆସିଥିଲ ।
ତୁମେ ସତେ ଭକ୍ତର ଭକ୍ତିରେ ଅଧିର ହୋଇଥିଲ
ଦ୍ୱାପର ଯୁଗର ସଖା ସୁଦାମାଙ୍କଠାରୁ ଖୁଦକଣିକା ଖାଇ
ପେଟ ଭର୍ତ୍ତି ହୋଇ ଗଲା ବୋଲି କହିଲ ।
ତ୍ରେତୟା ଯୁଗରେ ରାମ ଅବତାରରେ
ଶବରୀ ଅଇଁଠା କୋଳି ଖାଇ ତୃପ୍ତିରେ ହସୁଥିଲ ।

ତୁମର ପ୍ରବୋଧନାରେ ଭକ୍ତର ଭକ୍ତି ଭରେ
ସବୁ ତର୍କ ବିତର୍କର ଉର୍ଦ୍ଧ୍ୱରେ ତୁମେ ।
ତୁମେ ହସିଲେ ହିଁ ଏ ଧରା ଉଲ୍ଲସିତ ହୁଏ ।
ବିଶ୍ୱାସକୁ ଚମକେଇ ତୁମ ଉପସ୍ଥିତି
ତୁମର ଆଶୀର୍ବାଦ ହିଁ ଦୁଃଖର ଭରଣା କରେ
ଆଖି ବୁଜି ଦେଇ ତୁମ ଛବି ନିତି ଖୋଜେ
ସବୁ ତୁମର ଦାନର କଣିକା
ବାରମ୍ବାର ସାଉଁଟିବାକୁ ଚେଷ୍ଟାକରେ
ମୋ ସ୍ୱପ୍ନର ପରିଧିରେ ତୁମକୁ ।

ଭଲପାଇବା ଚେତନାରେ ବିଚଳିତ ହୋଇ ପଡ଼େ
ତୁମେ ଚିକ୍‌ମିକ୍ ହୋଇ ଆସିବ ହିଁ ଦିନେ ।
ଆପଣା ପ୍ରଶ୍ନରେ ଉତ୍ତର ଖୋଜେ
ତୁମର ପଥକୁ ଉଚ୍ଛ୍ୱାସରେ ଚାହିଁ ବସେ ।

॥ ଚବିଶି ॥

ଯେତେ ଯେତେ ତୁମକୁ ଖୋଜିଲେ
ତୁମେ ପ୍ରତିଥର ଆସୁଥିବ କି ନାଇଁ ଜାଣେନା ।
ମୋ ପ୍ରାର୍ଥନାର ସମ୍ଭାବନା ଭିତରେ
ମନର ଭଲପାଇବାର ଗଭୀରତାକୁ ପରଖି ନେଇ
ତୁମେ ଆସି ହାତ ବଢ଼ାଇଲ ବାଳୁତ ରୂପରେ
ଟିକିଏ କୋଳେଇ ନେବାକୁ
ସ୍ୱପ୍ନର ସାଥିରେ ଟାଲୁ ଟାଲୁ ଦୁଇ ହାତକୁ ପ୍ରସାରିତ କରି
ତୁମକୁ କୋଳେଇ ଧରିବାକୁ ଯାଉଯାଉ
ଆଖି ଦୁଇଟି ଅକସ୍ମାତ ଖୋଲିଗଲା କେମିତି କେଜାଣି ?
ଫେରିଆସିଲି ମୋ ଆତ୍ମୀୟତାର ଆଶ୍ୱାସନା ଭିତରକୁ
ଅପସରିଗଲା ସ୍ୱପ୍ନ
କୋଳକୁ ନେବାକୁ ଅସମର୍ଥ ହୋଇ
ଶୂନ୍ୟ ମନରେ ଭାବି ବସିଲି ଆଉ ମାତ୍ର
କିଛି ମିନିଟର ସ୍ୱପ୍ନ ଭାଙ୍ଗିଗଲା କାହିଁକି ?

ମନରେ ଅଙ୍କୁରୋଦଗମ୍ ହେଲା ନୂଆ ମଣିଷର ଚେତନା ଟିକକ
ଯାହା ଆପେ ଆପେ ଧସେଇ ପଶିଆସିଥିଲା
ବିବଶ କରିଦେବାକୁ ମନ ଚକ୍ଷୁକୁ ।
ମୋତେ ଜଳଜଳ ଦିଶୁଛି ସବୁ କହୁଛ ଯେମିତି

ଚିନ୍ତା ନ କରିବାକୁ
ଅବଶିଷ୍ଟ ଜୀବନରେ ତୁମେ ତ ସାଥି ମୋର
ଏହି ବ୍ୟାକୁଳତାରେ ମୋ ମନ ତ ଭିଜୁଛି କାହିଁକି ?
ଉଣେଇଶିଶହ ପଞ୍ଚାଅଶି ଜାନୁୟାରିରେ
ତୁମ ବଂଶୀସ୍ୱନ ନିର୍ଜନରେ ଶୁଣିଛି ମୋ କାନ
ତୁମେ ତ ନିଦରୁ ଉଠାଇଦେଲ
ଚେତେଇ ଦେଉଥିଲ ସତେ ଯେମିତି
"ମୁଁ ଅଛି ସାଥିରେ ଚିନ୍ତା କାହିଁକି ?"
ପ୍ରତିଶ୍ରୁତି ନୁହେଁ ଭିତ୍ତିହୀନ
ତୁମେ ହିଁ ସଂସାରରେ ସାର
ତୁମେ ହିଁ ନିଶୁନ୍ ରାତିର ଦୃଶ୍ୟମାନ ନିରାକାର ।

।। ପଚିଶି ।।

ମୋ ନାମକୁ ଜାଣେ ସିନା
ନିଜେ କିଏ ବୋଲି ପ୍ରଶ୍ନ କରେ
ମୀରା ମୁଁ ନୁହେଁ ଯିଏ ଭକ୍ତିର ଧାରାରେ ମଜ୍ଜିଯାଇ
ଭଜୁଥିବ ଦିନରାତି କେବଳ ତୁମକୁ ।
ମୋ ସାମ୍ନାରେ ପରିବାରର କର୍ତ୍ତବ୍ୟ ବଡ଼ ହୋଇ ଯାଉଛି
ମୁଁ ଏକ ପଥଚାରୀ ପରି ଚାଲୁଛି ।

ମୋ ବିଶ୍ୱାସ ଉତ୍ସକୁ ଚକିତ କରି
ତୁମେ ତ ଅପୂର୍ବ ଦାନ ଦେଲ ମୋ ମାଗୁଣି ଶୁଣି ।
ମୋ ଆଖିରୁ ଅନ୍ତର୍ଦ୍ଧାନ ହୋଇଗଲ କ୍ଷଣକରେ
ମୋ ଅଳିର ଅନ୍ତକୁ ନ ଶୁଣି ।
ମୋ ବିଶ୍ୱାସରେ ତମେ କେମିତି ମୋ ଅଳି ଶୁଣ
ପୁରଣ କରିଦେଇ ଗୋଟି ଗୋଟି କରି ।

ତୁମେ ତ୍ରେତୟା ଯୁଗର ରାମ, ଦ୍ୱାପରର କୃଷ୍ଣ
ଓ କଳି ଯୁଗର ଜଗନ୍ନାଥ ହେ ଠାକୁର !
ତୁମ ରୂପର ଭିନ୍ନତା କାହିଁ ?
ତୁମେ ଏକ ଓ ଅଭିନ୍ନ

ତୁମ ଅସ୍ମିତାର ଧାରା ଲମ୍ବି ରହିଛି ବିଶ୍ୱବ୍ରହ୍ମାଣ୍ଡକୁ ଘେରି ।
ତୁମ ବିନା କାହାର ଟିପରେ ଶକ୍ତି କାହିଁ
ଘୁଞ୍ଚିଯିବାକୁ ଟିକିଏ ।
ତୁମେ ତ ବିଷ୍ଣୁ
ତୁମେ ହିଁ ବିଶ୍ୱାସର ଶେଷ ଶୀର୍ଷରେ ପହଁଞ୍ଚି
ଦେଖାଇଛ ବିଶ୍ୱରୂପ ମାତା କୌଶଲ୍ୟା
ମାତା ଯଶୋଦା ଓ ସଖା ଅର୍ଜ୍ଜୁନଙ୍କୁ
ତୁମ ଭିତରେ ଏହି ବ୍ରହ୍ମାଣ୍ଡ ଆତଯାତ
ଜନ୍ମ ମୃତ୍ୟୁର ଚକ୍ର ଭିତରେ ତ ହିଁ ଯୋଡ଼ି ଥାଅ
ସଂପର୍କର ପବିତ୍ର ଅସ୍ତିତ୍ୱ ।

।। ଛବିଶି ।।

ବେଳେବେଳେ ତୁମ ଚିତ୍ରକୁ ଚାହିଁ ଆଖି ମିଳାଇ
ଭାବିବସେ ତୁମେ ଜୀବନ୍ତ ରୂପରେ ମୋ ପାଖକୁ ଆସିଯାଆନ୍ତ କି ?
ଏହି ମୂର୍ତ୍ତୀକୁ ମୁଁ ମଣିଷକରି ତୋଳି ଦେଖିବା ମଧ୍ୟ ଭୁଲ୍ ହୋଇପାରେ ।
ତୁମେ ତ ପଥର ନୁହଁ, ତୁମେ ହିଁ ପୁରୁଷୋତ୍ତମ
ତୁମ ସତ୍ତାର ବିନ୍ଦୁରେ ସବୁ ଏଠି ଆରମ୍ଭ ।
ତୁମେ ହିଁ ସ୍ରଷ୍ଟା ।
କାହିଁକି ମନ ଏତେ ଆନମନା
ମୋ ପରି ଛାର ମଣିଷ ବୁଝିପାରିଛି ଯେ କେତେ ?
ତୁମେ ଆସିବାରେ ଅସୁବିଧା ନାହିଁ ଯେ କୌଣସି ରୂପରେ
ଜୀଇଁବାର ଅନ୍ୟନାମ ଜୀବନକୁ ନେଇ
ମୋ ଜୀବନ ନାଟିକାଟି ବଞ୍ଚିଛି, ସଂସାର ପଥରେ କର୍ମ କରୁ କରୁ
ମାୟାର ଖୋଳାପା ଭିତରର ଫରୁଆ ଭିତରେ,
ବିଶ୍ୱାସ ଓ ଅବିଶ୍ୱାସର ଚାପର ଝଡ଼ରେ ଦୁନିଆ ଦେଖିଲା ବେଳେ
ମୋ ଚିନ୍ତାରେ ଘାରିହୋଇ ତୁମକୁ ଡ଼ାକୁଥାଏ ।
ତୁମେ ତ ସର୍ବଜ୍ଞ, ସର୍ବବ୍ୟାପି ଓ ସର୍ବଶକ୍ତିମାନ
ତେଣୁ ମୋ ସ୍ୱପ୍ନରେ ଉଦ୍‌ଭାସିତ ହୋଇ
ଚେତେଇ ଦେଇ ପ୍ରମାଣ କରିଦେଲ
ମନ୍ଦିର ଭିତରେ ଥାଇ ମଧ୍ୟ
ଶୂନ୍ୟାକାଶରେ ଯୋଜନା ଯୋଜନ ଆଲୋକ ବେଗ ଡ଼େଇଁ
ତୁମେ ଉଭାହୁଅ ଭକ୍ତର ମନୋକାମନା ପୂରଣ ପାଇଁ ।
ଆତ୍ମହରା ହୋଇଯାଏ ମନ
ପ୍ରତୀକ୍ଷାର ଅନ୍ତପରେ ସାମ୍‌ନାରେ ସତ୍ୟ ପଲ୍ଲବିତ ହେଲେ
ମନର ବିଶ୍ୱାସ ଆହୁରି ଦୃଢ଼ ହୋଇ କହେ
ନାହିଁ ତୁମର କେହି ବିକଳ୍ପ ଏହି ବ୍ରହ୍ମାଣ୍ଡରେ, ତୁମେ ମହାସତ୍ୟ ।

।। ସତେଇଶି ।।

ମୋ ସ୍ୱପ୍ନ ଭିତରେ ମଧ୍ୟ ପ୍ରାଣଭରି ମର୍ତ୍ତ୍ୟ ତୃଷ୍ଣାକୁ ପିଇଛି
ମୁଁ ଉପେକ୍ଷିତ ନୁହେଁ ତୁମ ବଦାନ୍ୟତାର ଅନ୍ତର ଭିତରେ
ମୋ ସୂକ୍ଷ୍ମଚେତନାର ଦୃଶ୍ୟ ମୋ ମସ୍ତିଷ୍କ ଓ ହୃଦୟକୁ
ଉଦ୍‌ଭାସିତ କରି କୁହେ କେବଳ ମୁଁ ମଣିଷ ନିମିତ୍ତ ମାତ୍ର ।
ମୋ ପାଖରେ ତୁମେ ଅଛ
ତୁମେ ଈଶ୍ୱର ମୋ ଆତ୍ମାର ପରମାତ୍ମାର
ଆଦି ଅନନ୍ତ କର୍ତ୍ତା ଓ ଦଇବ ବିଧାତା ।

ଏକଦମ୍ ସତକଥା
ତୁମ ଇଚ୍ଛା ଅନିଚ୍ଛା ଭିତରେ ସଞ୍ଚାଳିତ ଜନ୍ମ ମୃତ୍ୟୁ
ମୁଁ କାହିଁକି ଖାଲିଟାରେ ବ୍ୟସ୍ତ
ତୁମେ ପୂର୍ଣ୍ଣ କରିଛ ମନୋକାମନା ।
ମୁଁ ଭିକ୍ଷାଥାଳୀ ଧରି ତମ ପାଖରେ ଆଖିରୁ ଲୁହ ଗଡ଼ାଇଲା ବେଳେ
ତୁମେ ତ କେମିତି ଏତେ ତତ୍‌ପର ?
ତୁମ ଦିବ୍ୟ ପ୍ରତିମାର ଅପୂର୍ବ ନୈପୁଣ୍ୟତାରେ
ମୋ ମନ ପ୍ରାଣରେ ପବିତ୍ରତା ଭରିଗଲା କ୍ଷଣକରେ ।
ମୁଁ ତୁମ ଅବିକଳ ପ୍ରତିଛବିକୁ ଦର୍ଶନକରି
ପୂଣ୍ୟଫଳ ପାଇଗଲି ଏହି ଜନ୍ମରେ ।

ତୁମେ ପାଖରେ ଥିଲେ ମନ ଖୁବ୍ ଶକ୍ତ ହେବ
ମୋ ବିଶ୍ୱାସରେ ଅବଶୋଷ ନଥିବ
ପ୍ରତି ଅସଫଳତାକୁ ସଫଳ କରି
ଶୁଣାଇଛ ମୋତେ "ମୁଁ ଅଛି, ଏତେ ଚିନ୍ତା କାହିଁକି ?"

॥ ଅଠେଇଶି ॥

କ୍ଳାନ୍ତ ଅପରାହ୍ନ ବେଳେ ମୁଁ ବିଚଳିତ ହୋଇଯାଏ
ସମସ୍ତଙ୍କ ପାଇଁ କର୍ତ୍ତବ୍ୟକୁ ଭାବି ନିଭାଇଲି
ମୋ କଥା କିଏ ବା ବୁଝିଲେ ?
ନା ଦେଖିଲି ମଥୁରା ନା ବୃନ୍ଦାବନ
ଦେଖିନାହିଁ ବଦ୍ରିନାଥ, ଦ୍ୱାରିକା କି ରାମେଶ୍ୱର
ଯେତେବେଳେ ଇଛାହୁଏ ସେତେବେଳେ ଅନ୍ତରରୁ ଡ଼ାକୁଥାଏ
କେତେବେଳେ ରୋଷେଇ ଘରେ ରୁଟି ବେଲିଲା ବେଳେ ।
ପୁଣି କେବେକେବେ ଅନ୍ଧାର ଆକାଶରେ ଶୂନ୍ୟକୁ ଚାହିଁ
ତାରା ଗଣୁ ଗଣୁ ଭାବୁଥାଏ
ତୁମ ବିଶ୍ୱରୂପ ଟିକିଏ ମୋ ଆଖିକୁ ଝଲସାଇ ଦିଅନ୍ତା କି ?

ତୁମେ ହିଁ ମୁକ୍ତିର ପରମ ଦେବତା
ତୁମେ ହିଁ ସର୍ବଶକ୍ତିର ପରମପିତା
ଆମେ କେବଳ ତୁମର ସନ୍ତାନ
ସୁଗୁଣକୁ ଆବୋରିବା ପାଇଁ ଜନ୍ମ ହେଲୁ
ଏହି ବିଶ୍ୱାସକୁ ହୃଦୟରେ ଯଦି ଧରି ରଖିବୁ
ତେବେ ଅନେକ କଷଣ ଦୂର ହେବ ଅକ୍ଳେଶରେ
କେବଳ ତୁମ ଚିନ୍ତନ ମାଧ୍ୟମରେ ।

॥ ଅଣତିରିଶି ॥

ତମେ ଅଛ ଏହି ବ୍ରହ୍ମାଣ୍ଡରେ
କାଳକାଳ ପରେ ବି ଥିବ
ମୁଁ ନଥିବି ଏଠି
ଆମର ଜରା ମୃତ୍ୟୁ ଜନ୍ମକୁ ତମେ ବାରମ୍ବାର ଭେଟୁଥିବ
ମୁଁ ମାୟାଚକ୍ରରେ ପଡ଼ି ଏ ରକ୍ତ ମାଂସ ଶରୀର ଧରି
ତୁମକୁ ଭୁଲିଯାଇଥାଏ ସଂସାରର ଜଞ୍ଜାଳ ଭ୍ରମରେ ପଡ଼ି କେବେ କେବେ
କ୍ଷମା କରିବ ହେ ପ୍ରଭୁ !
ତୁମ ଆଗମନର ପ୍ରତୀକ୍ଷାରେ ମୋ ଦିନ ନିଶ୍ଚୟ ସରିବ ଦିନେ
କିଏ ବୁଝୁକି ନ ବୁଝୁ ଚିନ୍ତା ନାହିଁ ମୋର ।

    ଦିନେ ତୁମେ ଆସି କହିଲ: ଚାଲି ଆସେ ଏସବୁ ମାୟା ଦଉଡ଼ି ଛିଣ୍ଡାଇ
ମୋ ହାତକୁ ଧରି
ମୁଁ କହିଲି "ଏବେ ତମ ଆଜ୍ଞାକୁ ମାନିବି କେମିତି ?
ମୋ ବିନା ମୋ ଘର ସଂସାର ଅଧୁରା
ମୋ ପରିବାର ପାଇଁ ମୋ କର୍ତ୍ତବ୍ୟ ସରିନି
ମୁଁ ଖୁବ୍ ଭଲପାଏ ମୋ ଅବୁଝା ଆତ୍ମୀୟମାନଙ୍କୁ
ଯଦିଓ ଅଣନିଃଶ୍ୱାସୀ ହୋଇଯାଏ କର୍ତ୍ତବ୍ୟର ଭାରରେ
ତଥାପି ଏଠି ହସିହସି ଭାର ଉଠଉଛି ମାୟାର ଚକ୍ରରେ ।"

ତୁମେ ପୁଣି ଯାଚିଲ ମାଗେ ବର ମୁଁ ଦେବାକୁ ପ୍ରସ୍ତୁତ ।
କାକୁତି ମିନିତ ହୋଇ ମୁଁ ମାଗିନେଲି 'ମୋ ବଂଶରକ୍ଷା କର'
କାରଣ ସଂସାର ଚକ୍ରରେ ପରିବାରର ଇତିବୃତ୍ତିକୁ
ନାରୀଟିଏ ଚାହିଁଥାଏ କାଳର ଡ଼ାଏରୀରେ ଲେଖିବାକୁ ।
ତୁମ ବାଳୁତ ରୂପର ଦର୍ଶନରେ ଚକିତ ମନରେ
ଆବେଗଭରା ହାତ ଦୁଇଟା ମୋର ବଢ଼ିଗଲା ବେଳେ
କୁଆଡ଼ୁ ଆସିଲା ସତ୍ୟର ପ୍ରକାଶ
ମୋ ଆଖି ଖୋଲିଗଲା
ଆପେ ଆପେ ରାତ୍ରିର ଅନ୍ଧକାର ଭିତରେ
ଶବ୍ଦ ଝରିଗଲା: ଏଥର ମଧ୍ୟ ମୋ ମନସ୍କାମନା ପୁରଣ କରିଦେବ ।

।। ତିରିଶି ।।

ଆଜି ରାତି ମାର୍ଚ୍ଚ ସାତ ତାରିଖ ଦୁଇ ହଜାର କୋଡ଼ିଏ ମସିହା ।
ଆଉ ଗୋଟିଏ ମାସକୁ ଅପେକ୍ଷା
ତୁମ ଦର୍ଶନର ମହକ କ୍ରମେ କ୍ରମେ
ମୋ ମନରେ ଗାଢ଼ରଙ୍ଗ ବୋଳିଦେଲା ବେଳେ
ମୋ ଘର ଅଗଣାରେ ଶୁଣାଗଲା କୁଆଁ କୁଆଁ ସ୍ୱର
ଯେପରି କୁଆଁ ସ୍ୱର ମୋତେ ମାତୃତ୍ୱରେ ବୁଡ଼ାଇ ଦେଇ
ମୋ ସଂକଳ୍ପକୁ ଦୃଢ଼ କରିଥିଲା ଉଣେଇଶହ ପଞ୍ଚାଅଶୀ ଏପ୍ରିଲ ସତେଇଶିରେ
ସେମିତି ପ୍ରାୟ ପଞ୍ଚତିରିଶ ବର୍ଷ ପରେ ନିର୍ଦ୍ଧାରିତ ଦିନରେ
ମୋ ଆଶା ସତ୍ୟ ହୋଇ ଚମକାଇ ଦେଲା ।

ତୁମେ ତ ପ୍ରତି ମୁହୂର୍ତ୍ତରେ ରୂପବନ୍ତ ହୋଇ ଉଭାହୁଅ ସତ୍ୟରେ
ତଥାପି ଲୋକ ଅବୁଝା ହୁଅନ୍ତି କାହିଁକି ?
ନିଜ ଅଭିମାନରେ ଫାଟିପଡ଼ି କହନ୍ତି
"ଦୁଃଖର ଘଡ଼ିସନ୍ଧି ମୁହୂର୍ତ୍ତରେ
କଷଣ ଦୂର ପାଇଁ
ସତରେ କ'ଣ ଓହ୍ଲାଇ ଆସିବେ ଈଶ୍ୱର ?"

ତୁମ ବିରୁଦ୍ଧରେ କିଏ କିଛି କହିଲେ
ମୋତେ ଭାରି କଷ୍ଟ ହୁଏ
ଆଖିରେ ଲୁହ ଭର୍ତ୍ତି ହୁଏ
ଭାବିଥାଏ "ହେ ଈଶ୍ୱର, ସେମାନଙ୍କ ଅନ୍ତର ଶୁଦ୍ଧ କର" ।
କାହିଁକି ହତାଶ ହେଉଛନ୍ତି ନିଜ ଦୁଃଖରେ
ଯେତେ ବୁଝାଇଲେ ସେମାନଙ୍କ ବୁଝିବା ମନ ନାହିଁ
ନିଜଠାରୁ ଆହୁରି ଆହୁରି ସହସ୍ର ଗୁଣ ଭଲପାଅ ଈଶ୍ୱରଙ୍କୁ
ଦେଖିବ ସେ ନିଶ୍ଚୟ ଆସିବେ ତୁମପାଖକୁ
ଭକ୍ତର ଅଧୀନ ପରା ଭଗବାନ କିଛି ନୁହେଁ ମିଥ୍ୟା ।
କାହିଁକି ମନରେ ଭର ଦୁଃଚିନ୍ତା
କର ପ୍ରାର୍ଥନା, ଦେଖିବ ଆଶା ନିଶ୍ଚିତ ପୂରଣ ହେବ ଦିନେ
ମନକୁ କରି ଆଶ୍ୱାସନା ।

।। ଏକତିରିଶି ।।

ଆଜିର ଏହି କରୋନା ମହାମାରୀରେ ସର୍ବେ ଆତଙ୍କିତ
କୁଆଡୁ ଆସିଲା ଏ ରୋଗର ଭୂତାଣୁ ଏଇ ଦୁଇ ହଜାର କୋଡ଼ିଏ ମସିହାରେ
ମୃତ୍ୟୁର ତାଣ୍ଡବ ଖେଳାଇ ଦେଲା ପୃଥିବୀବାସୀଙ୍କ ମନରେ
ଯାହା କେବେ କଳ୍ପନା ବାହାରେ ଥିଲା ମଣିଷର ।
ତମେ ଏହି ଦୂଷିତ ଭୂତାଣୁର ବିନାଶ କର ତୁମ ମହିମା ବଳରେ
କରୋନା ଶଂସୟ ଦୂରହେଉ ବିଶ୍ୱବାସୀଙ୍କ ମନରୁ ।
ଅସ୍ତବ୍ୟସ୍ତ ଜୀବନରେ ଆଶାର ଆଲୋକ ଜଳିବ
ହାହାକାରର ସ୍ୱର ଥମିଯିବ ।
ପୁଣି ଉଦାସୀନତା ଭିତରେ ହସର ଖିଅଟି ଝିଲସି ଉଠିବ,
ବର୍ତ୍ତମାନର କଷ୍ଟ ଦୂର ହେବ
ଭବିଷ୍ୟତ ଉଜ୍ଜଳ ଦିଶିବ ।
ଆଜିକାଲି ମୁଁ ଭାବୁଛି
ଜନ୍ମମୃତ୍ୟୁର ଦଉଡ଼ି ତମେ ଧରିଛ
ଜନ୍ମିଛି କେବଳ ତୁମ ଇସାରାରେ ।
ଅନେକ ଥର ମୃତ୍ୟୁକୁ ସାମ୍ନା କରି ବଞ୍ଚି ଉଠିଛି
ଏଇ ଯେମିତି ଜଳର ଗର୍ଭରୁ ସାତବର୍ଷ ବୟସବେଳେ
ଏଇ ଯେମିତି ଲୁହାଖଣ୍ଡ ମୁଣ୍ଡରେ ପଡ଼ିବାରୁ ରକ୍ଷା ପାଇଯିବା
ଏଇ ଯେମିତି ଦୁର୍ଘଟଣାରୁ ବର୍ତ୍ତିଯିବା ।

ତୁମେ ହିଁ ରକ୍ଷାକର୍ତ୍ତା
କାହିଁକି ଛନିଆଁ ମୁଁ
ତୁମେ ତ ପ୍ରତିଛବି ନୁହଁ ମୋ ପାଇଁ
ତୁମେ ହିଁ ସାକ୍ଷାତ ଈଶ୍ୱର
କାହିଁକି ହେବି ମୁଁ କାତର ?

ତୁମେ ନିରାକାର ବିଶ୍ୱବ୍ରହ୍ମାଣ୍ଡ ଠାକୁର
ପ୍ରତି ମୁହୂର୍ତ୍ତରେ ଆସ୍ଥାର ଭାବରେ ହୁଏ ପ୍ରତିଧ୍ୱନିତ
ଧ୍ୱନି ହିଁ ପ୍ରତ୍ୟୁତ୍ତର ତୁମର
ପ୍ରତ୍ୟାଖ୍ୟାନ କରିଛ ଅନାସ୍ଥାର ଅସ୍ମିତାକୁ
ଯିଏ ପ୍ରହେଳିକା ଭିତରେ ପଶି ଖୋଜିନି ତୁମକୁ
ତୁମର କଣିକାର ରେଣୁ ପଡ଼ିନି ତା ମନରେ
ଈର୍ଷା ଦ୍ୱେଷ, ଅପବିତ୍ର ଅହଂକାରରେ ଅଭିପ୍ସାକୁ ଭରି
ପଙ୍କିଳ ପଥକୁ ଆବୋରି
ଦଂଶନ କରିଛି ନିଜ ମୁକ୍ତିର ପଥ
କଳଙ୍କିତ କରିଛି ମନୁଷ୍ୟ ଜନ୍ମର ମହାନୁଭବତା
କେମିତି ବୁଝିବ ଦିବ୍ୟାନୁଭୂତିର ମହତ୍ୱ ?

।। ବତିଶି ।।

ତୁମେ ସନ୍ଦେଶ ନେଇ ଆସିଛ ପ୍ରତି ଯୁଗରେ
ସତ୍ୟର ଜୟ, ଅଧର୍ମର ପରାଜୟ
ହୀନ ଜୀବନଚର୍ଯ୍ୟା କେବଳ ହିଁ ପଶୁର
ନୁହେଁ ମନୁଷ୍ୟ ଜାତିର
ତୁମ ଶ୍ରୀପଦକୁ ଚାହିଁ ଦେଲେ
ଆଖି ବୁଜି ହୋଇଯାଏ ଆପେ ଆପେ
ଏହି ଶ୍ୟାମଳ ପାଦ ଦୁଇଟିକୁ ଧରିଲେ
ଦୋଷ କ୍ଷମା ହୋଇଯିବ ଅକ୍ଳେଶରେ ।
ତୁମ ଦିବ୍ୟ କରୁଣା ସରିଯାଏ ନାହିଁ
ଏହି ବିଶ୍ୱ ବ୍ରହ୍ମାଣ୍ଡରୁ ଯୁଗ ଯୁଗ ପାଇଁ ।
ଜୀବନର ଶେଷ ସୋପାନ ସମୟ ସାଙ୍ଗରେ ଆସି ପହଁଞ୍ଚିଯାଏ
ମନରେ ଘୂର୍ଣ୍ଣିଝଡ ଖେଳେ ତ ବେଳେବେଳେ
ତୁମେ ଶକ୍ତିଦାତା
କେବେହେଲେ ଶକ୍ତିହୀନ କରନି ମୋତେ
ତୁମ ପାଖରେ ଅନେକ ଅକୁହା କଥା
ତଥାପି ଧାର ଧାର ଲୁହରେ ବଂଶୀସ୍ୱନ ଶୁଭେ
ଏପରି ଧ୍ୱନିର ସ୍ୱର କେବଳ ତୁମର
ଅମୃତ ଉତ୍ସଟି କେବଳ ଭକ୍ତର ଆସ୍ଥାର ।
ଭକ୍ତ କେବେ ପଥହରା ହେବନି
ତା ଭକ୍ତିର ଧାରାରୁ କୌଣସି ଚାପରେ ।

।। ତେତିଶି ।।

ତୁମ ରାସ୍ତା ହିଁ ଆଲୋକର ରାସ୍ତା
ତୁମର ମନ ଆଲୁଅରେ ଜାଜ୍ଜ୍ୱଲ୍ୟମାନ
ତୁମ ପାଶେ ମୋ ମନ ସମର୍ପିତା
ତୁମେ ସତରେ ସନ୍ଦେଶ ଦେଇ ଆସିଛ ପ୍ରତି ଯୁଗରେ
ଦୁଃଖରାଶିକୁ ଦୂରକରି ଧର୍ମସଂସ୍ଥାପନ କରି
ଆଗାମୀ ମନୁଷ୍ୟର ଜିଇଁବାର ସଂଜ୍ଞା କରିଛ ନିରୂପଣ
ପୃଥିବୀରେ ଏବେ କରୋନା ପାଇଁ ପଡ଼ିଛି ଭାଳେଣି
ଏକ ଏକ ହୋଇ ଲିଭିଯାଉଛି ଜୀବନ ଦୀପ
ପୃଥିବୀ ବକ୍ଷରେ ଲକ୍ଷଲକ୍ଷ ଦୀର୍ଘଶ୍ୱାସର ହାହାକାର ଓ କାତରସ୍ୱର
ଏହି ଅନ୍ଧାରି ରୋଗକୁ କର ମୋଚନ
ପୃଥିବୀବାସୀ ହସୁଥାନ୍ତୁ କରି ତୁମ ଜଣାଣ ।
ତୁମେ ଦୃଶ୍ୟ ଓ ଅଦୃଶ୍ୟ ସତ୍ତାର ଭିତରେ
ସୂକ୍ଷ୍ମରୁ ସୂକ୍ଷ୍ମତରକୁ ରୂପାନ୍ତରିତ ହୋଇ
ଶୁଭ ଆଶୀର୍ବାଦ ଭରିଦିଅ ଏ ମାନବ ଜୀବନରେ
ଭକ୍ତର ମନକୁ କର ପୁଲକିତ
ନିଃଶବ୍ଦାୟିତ ନୀରବ ସମର୍ପଣରେ ।
ତୁମ ଜ୍ୟୋତିରେ ଅନ୍ଧାକାର ହୁଏ ଦୂରୀଭୂତ
ସବୁ ଜାଣି ସୁଦ୍ଧା ଜିଇଁବାର ଶୋଷରେ ଅନେକ ଆକୁଳିତ
ହୃଦୟରେ ତୁମ ନାମ ସ୍ମରଣ କରୁଥାଏ ବାରମ୍ବାର ।
ଟିକିଏ ଟିକିଏ ଦୁଃଖରେ ମନ ଏତେ ଉତ୍ତାଳ କାହିଁକି ?

ପାଦ ତଳର ମାଟି ତ ଅଛି
ତୁମ ସ୍ମରଣରେ ମଜ୍ଜୁଥାଉ ମୋର ମନ
ମୁଁ ବାଲୁତ ଥିବା ବେଳେ କେବଳ ତୁମ ନାମ ସ୍ମରି
ପାଇଛି ତୁମର ସାନ୍ନିଧ ପରୋକ୍ଷ ରୂପରେ
ତମେ ହିଁ ମୃତ୍ୟୁକୁ ଦୂରେଇ ଦେଇ
ମୋତେ ଟାଣି ଆଣିଲ ନିଃଶବ୍ଦରେ ଜଳ ଭିତରୁ
ସେତେବେଳେ ଜଣାଣ କି ଭଜନ ଜପି ନଥିଲି ଜାଣି
ଉଚ୍ଚାରି ନଥିଲି ତବ ନାମ
ତଥାପି ସମୟ ସାଙ୍ଗରେ ତାଳ ଦେଇ
ପହଁଞ୍ଚିଯାଇଥିଲ ମୋ ମନଜାଣି ।

।। ଚଉତିରିଶି ।।

ନିର୍ବାଣ କିଏ ପାଏ ମୁଁ ଜାଣିନି
ନୁହେଁ ମୁଁ ଅଭିନ୍ନ ତୁମଠାରୁ
ଏକାକୀ ମୁଁ ନୁହେଁ କେବେହେଲେ
ଜନ୍ମରେ କି ମୃତ୍ୟୁରେ ତୁମେ ହିଁ ଅଛ ସାଙ୍ଗରେ
ତୁମେ ଶୂନ୍ୟରେ ନେବ ଟାଣି ମୋ ଆତ୍ମାକୁ
ଅଦୃଶ୍ୟ ସତ୍ତାରେ ।
ନିର୍ଭୟ ହୋଇ ତୁମ ଭରସାରେ
ମୁଁ ଭୁଲିଯିବି ମୋ ଜନ୍ମ ଓ ପରଜନ୍ମକୁ ।
ନିଜକୁ ମଧ୍ୟ ଭୁଲିଯିବି
ତବ ନାମ ଶୁଣି ଶୁଣି
ବିଶ୍ୱ ବ୍ରହ୍ମାଣ୍ଡର ବିଶାଳତା ଭିତରେ
ଏହି ସଂକ୍ଷିପ୍ତ ଜୀବନଦୀପ ହୋଇଯିବ ଅସମାପିକା ତୁମ
ରାଗିଣୀରେ ।
ଶେଷ ଦେଖା କେବେ ହେବନି ମୋ ନିରର୍ଥକ
ମୋ ନାରୀ ଜୀବନ ନୁହେଁ ଅଭାଗା ଅଲୋଡ଼ା
ତୁମ ଦିବ୍ୟ କରୁଣା ପାଇଁ ତ ମୁଁ ହିଁ ସ୍ଥିତପ୍ରଜ୍ଞା ।
ହେ ଈଶ୍ୱର କରୁଣାକର !
କରିବ ନିଶ୍ଚୟ ମୋତେ ପରିତ୍ରାଣ
କେବେ ହେବ ଆତ୍ମା ପରମାତ୍ମାର ମିଳନ ?
ତୁମେ ସବୁ ଜ୍ଞାତ, ମୁଁ ତ ଅଜ୍ଞାତ
ତଥାପି ତୁମ କୃପାରାଶି ବିଚ୍ଛୁରିତ ମୋ ଉପରେ
ହୋଇଥିଲା ଦେଖା ତୁମ ସହ ସ୍ୱପ୍ନର ଭୂଇଁରେ ।

ଜଗନ୍ନାଥ ତୁମେ ହିଁ ଥିଲ
ହୋଇଥିଲ ଉଭା ଏକ ଶରୀର ଧରି
ମୁଣ୍ଡରଖି ମୋ କୋଳରେ
ମମତାର ମୂର୍ଚ୍ଛନାର ସମ୍ମୋହନରେ
ମୁଁ ଆଉଁସି ଦେଉଥିଲି ତୁମ ଲମ୍ବା ଗୋଡ଼ଟିକୁ ଖୁବ୍ ଆବେଗରେ ।
କି ଅପୂର୍ବ ମୁହୂର୍ତ୍ତରେ ମୋ ସ୍ୱରର ପ୍ରଥମ ସ୍ପର୍ଶର ମୂର୍ଚ୍ଛନା
ଝରିପଡୁଥିଲା "ମୋ ଧନରେ"
ଗୋଡ଼ରୁ ପାଦଯାଏଁ ରୂପାରେ ଛାଉଁଣୀ ହୋଇ ଦିଶୁଛି ଚକମକ ।
ସେହି କ୍ଷଣିକ ଅନ୍ତରଙ୍ଗ ମୁହୂର୍ତ୍ତକୁ କ୍ଷିପ୍ର ଗତିରେ ମାୟାକୁ କଲା ଗ୍ରାସ ।
ସୂକ୍ଷ୍ମ ନିରୀକ୍ଷଣର ମୂର୍ଚ୍ଛନା ତୋଳି
ମୋ ଆଗରେ ଆଖିର ନିଦ ଗଲା ଖୋଲି
ମୋ ଚେତନାରୁ ଅସ୍ତିତ୍ୱର କ୍ଷଣକ ରହସ୍ୟ ଗଲା ଫେରି
ଚୁପ୍ ଚାପ୍ ଭାବିଲି
କିଏ କହେ ଜଗନ୍ନାଥଙ୍କ ପାଦ ନାହିଁ ?
ମୋ ବ୍ରହ୍ମାଣ୍ଡ ଠାକୁର, ତାଙ୍କୁ ଟିକିଏ ଅନୁଭବି ଡ଼ାକ ସତ୍ୱର
ଦେଖିବ ଧରାଦେବେ ତୁମ ହାତରେ
ଆତ୍ମୀୟତାର ବାସ୍ନା ଭରିଦେବେ ତୁମ ମାୟା ସ୍ତୁପରେ
ହଜିଯିବ ମନ ଆନନ୍ଦ ଭାବରେ ଜଗନ୍ନାଥଙ୍କ ପଦ ଯୁଗଳରେ
ମଥାପାତି ଦେଲେ
ଆଶିଷ ବର୍ଷିଯିବ ତୁମ ମସ୍ତକରେ ।

॥ ପଞ୍ଚତିରିଶି ॥

ସବୁଠି, ସବୁକ୍ଷଣ ଅଛନ୍ତି ସେ ତୁମ ପାଖରେ
ଭବସାଗରରେ ନିଜକୁ ଉବୁଟୁବୁ କଲାବେଳେ
ସ୍ୱୟଂକୁ ମନରୁ ହେଜି ମନ ପ୍ରାଣ ଢ଼ାଳିଦିଅ
ସେ ପରମେଶ୍ୱରଙ୍କ ସମୀପରେ ।

ସ୍ୱପ୍ନ ଅଛି ବୋଲି ତ ଈଶ୍ୱରଙ୍କ ସ୍ୱଦେହକୁ ଦେଖି ପରଶ ପାଉଛି
ରାମ, କୃଷ୍ଣ ଓ ଜଗନ୍ନାଥଙ୍କ ପରୋକ୍ଷ ଦର୍ଶନ ପରେ ପରେ
ଭାବୁଛି ତ୍ରେତୟା, ଦ୍ୱାପର, କଳି ଯୁଗରେ ନାରାୟଣ
ଧରି ବିଭିନ୍ନ ରୂପକୁ ହେଲେ ଉଭା
କରିବାକୁ ମଣିଷକୁ ପରିତ୍ରାଣ, ନେଇଛ ଅବତାର ଥରକୁ ଥର ।

ସ୍ୱପ୍ନ ଅଛି ବୋଲି ତ
ତୁମେ ଧରାଦିଅ ।
ତୁମ ଶକ୍ତିର ନାହିଁ ପଟାନ୍ତର
ପାପ ବିନାଶନ ପାଇଁ
ଅବତରି ଆସ ତୁମେ
କରିବାକୁ ଦୁଷ୍ଟ ସଂହାର ।
ତୁମ ଶ୍ରୀପୟରରେ ମୋର କୋଟି କୋଟି ନମସ୍କାର ।

ବେଳେବେଳେ ଆଖିରେ ଲୁହ ଭରି
ତମକୁ ଡ଼ାକୁଥାଏ ଟିକିଏ ଆଶୀର୍ବାଦ ଢ଼ାଳି ଦେବାପାଇଁ
ଖାଲି ହାତରେ ଭରିଦିଅ ଆଶିଷ ରେଣୁ ଟିକକ
ଜୀବନକୁ କରିବାକୁ ସରସ ସୁନ୍ଦର ।

ଡ଼ୋରିରେ ବାନ୍ଧି ହୋଇ ମୁଁ
ଦୀପଟିଏ ଜାଳିଦେଇ ତୁମ ନାଁରେ
ଭାବୁଛି ନିଶ୍ଚୟ ଚାହିଁବ ଟିକିଏ ଶିଖାକୁ
ମୋ ମନ ତମସା ଦୂର କରିବାକୁ ।
ବିଶ୍ୱ ବ୍ରହ୍ମାଣ୍ଡକୁ ସଂରଚନା କରି
କାଳଚକ୍ରକୁ ଘୁରାଇ ଘୁରାଇ
ସୃଷ୍ଟିକୁ କେବେ ସଂହାର କରି
ଯୁଗ ପରେ ଯୁଗର ଆରମ୍ଭକରି
ଅବତାର ନେଇ ଉଭାହୋଇଛ ଧର୍ମରକ୍ଷା ପାଇଁ ।
ତୁମ ନିର୍ଦ୍ଦେଶରେ ଏ ବିଶ୍ୱବ୍ରହ୍ମାଣ୍ଡର
ଦଶ ସହସ୍ର କୋଟି ବ୍ରହ୍ମାଣ୍ଡ ହୁଅନ୍ତି ଆତଯାତ ।
ଯାହା ଜ୍ଞାତ ସମଗ୍ର ଜଗତ ।

।। ଛତିଶି ।।

ତଥାପି ଏ ସାଧାରଣ ମନୁଷ୍ୟ
ନିଜ ଅହଂକାରରେ ଭାରି ହୋଇ
ବଞ୍ଚିବାର ଅସ୍ମିତାରେ
ଆଶଙ୍କାର ଭୟକୁ ନ ମାନି
ନିଜର ମହିମା ବିସ୍ତାରିବା ପାଇଁ
ଶାନ୍ତି, ମୈତ୍ରୀର ବାର୍ତ୍ତାକୁ ଭୁଲି
ନିଜେ ନିଜେ ପୁଲକିତ କାହିଁକି ?
ଏହି ଦୁଇହଜାର କୋଡ଼ିଏ ମସିହା ସମୟରେ
କୁଆଡୁ ଆସିଗଲା କରୋନା ଲହରୀ
ତା ଜିଭ ଲହ ଲହ କରି
ବିଞ୍ଚି ଦେବାକୁ ତା କରୋନାର ବିଷ,
ଶୋଷି ନେବାକୁ ଅସଂଖ୍ୟ ଜୀବନ
କିଛି ଭାବିବା ପୂର୍ବରୁ ।

ତଥାପି ମଣିଷ ମନ ଅନ୍ଧ ନିଜ ଅଭିମାନରେ
କରୋନା ଛାୟାର କାଳିମାର ବଢ଼ନ୍ତିତ ସମୟକୁ
ନଭୁଲୁ ସେ ଥରେ
ବିଲୁପ୍ତ ନ ହେଉ ଏ ସୃଷ୍ଟି ସଂରଚନା
ବିପର୍ଯ୍ୟସ୍ତ ନ ହେଉ ଗତିମୟ ସମୟ
ତୁମର ଅଦୃଶ୍ୟ ସହାୟତାର ହସ୍ତ
ଆମ ମସ୍ତକରେ ରଖି ଦେଇଥାଅ
ପାର କରିବାକୁ ଦୁର୍ଗମର ପଥ ।

ତମସା ରଜନୀରେ ନାହିଁ ମୋ ହାତରେ ଦୀପାଳୀ
ଚତୁଃର୍ଦ୍ଦିଗ ଅନ୍ଧକାର ଶୁଭୁନି ଭୟଙ୍କର ଜନ୍ତୁଙ୍କ ହୁଙ୍କାର
ଅରଣ୍ୟ ପଥରେ ନିର୍ଜନତାର ଅମାବାସ୍ୟାର ଚିହ୍ନ
କାହାର ଶକ୍ତି ନାହିଁ କରିବାକୁ ଭେଦ ସେ ଅନ୍ଧାର ।
ମନ ମୋର ଭୟାତୁର ନିର୍ଜନତାର ଆଶଙ୍କାରେ ।
କେମିତି ସାମ୍‌ନା କରିବି ଏ ପଥ ଅସମୟରେ ?
କିଏ ନାହାନ୍ତି ପାଖରେ
ନିଃଶବ୍ଦ ପଶୁପକ୍ଷୀଗଣ
ନିରବତାର ଅଧୈର୍ଯ୍ୟରେ ସତ୍ତା ମୋ ବ୍ୟଥିତ ।
　　　　ପ୍ରସ୍ଥାନ ଚିହ୍ନର ନାହିଁ ପାଦଚିହ୍ନ
　　　　କେମିତି ବାହାରିଯିବି ଏଠୁ
　　　　ବିଷାଦରେ ହୋଇ ଜର୍ଜରିତ
　　　　ଖୋଜୁଛି କାହାକୁ କାହାକୁ
　　　　ଶୁଣିବାକୁ ଟିକିଏ ସ୍ୱର ।

।। ସତତିରିଶି ।।

ଯେଉଁଦିନ ତୁମ ପାଦରେ ମୁଁ ଚରଣାଶ୍ରୀତ
ଏକ ଆଶାର ବୀଜ ଅଙ୍କୁରୋଦ୍‌ଗମ୍ ହୋଇଛି ମନରେ ।
ତୁମେ ସ୍ୱର୍ଗରୁ ମର୍ତ୍ତ୍ୟକୁ ଓହ୍ଲାଇ ଆସ
ଏକ ବିଶ୍ୱାସର ଡ଼ାକରେ ।
ଆଉ ଚିନ୍ତା କ'ଣ ମୋର
ତୁମେ ଥିଲେ ପାଖରେ ?

ମୋ ଅଜ୍ଞାନକୁ ନାଶ କର
ମୋତେ ସତ୍ ବୁଦ୍ଧି ଦିଅ
ଯାହା ଚକ୍ ଚକ୍ ହେବ ସ୍ଫଟିକ ତୁଲ୍ୟ
ତବ କୃପାରୁ ।
ତୁମ ଆଖିକୁ ଚାହିଁ ଦେଲେ କାହିଁକି କେଜାଣି
ମାୟା ମାୟା ଲାଗେ ଏ ଦେହ
ମୁଁ ଏଠି ଅଛି ଏଠି ନାହିଁ
ଏ ସଂସାର ଏଠି ଅଛି ଏଠି ନାହିଁ ।

ଏକ ମାୟାର ଚକ୍ରରେ ବଞ୍ଚିଛି ଏଠି ମୁଁ
ସବୁ ତୁମ ସୃଷ୍ଟି ଶରୀରରେ
ମୁକ୍ତି ଟିକିକ ପାଇଁ
ଏ ଯାତ୍ରା ମୋର ବାରମ୍ବାର ମୋହଗ୍ରସ୍ତ ହୋଇ ।
ଜାଣେନି ପାପ କ'ଣ କି ପୂଣ୍ୟ କ'ଣ କରିଛି ?

ତୁମେ କରିବ ବିଚାର
ତୁମ ବିନା କାହିଁ ମୋ ନିସ୍ତାର ।
ହେ ରାମ, କୃଷ୍ଣ,ଜଗନ୍ନାଥ !
ତୁମ ଦରଶନ କରି
ଏ ପାର୍ଥିବ ଶରୀର ହୋଇଗଲା ଧନ୍ୟ ।
ହେ କୃଷ୍ଣ ମାଧବ !
ତୁମ ବଂଶୀସ୍ୱର ଶୁଣି
ଉବୁଟୁବୁ ମୋ ବିଶ୍ୱାସ ଧାରାରେ ମୋ ଆତ୍ମା
ବ୍ୟର୍ଥ ହେବ ନାହିଁ କେବେ କାହାର ବିଶ୍ୱାସ
ତୁମେ ଅଟ କ୍ଷମାର ସାଗର
ତୁମ ଚରଣରେ ମୋ ପାର୍ଥିବ ମାୟା ଶରୀର
ଜପୁଥାଉ ବାରମ୍ବାର
ଭବିଷ୍ୟତର ପଥ ହେଉ ଉଜ୍ଜଳ ।

॥ ଅଠତିରିଶ ॥

ତୁମେ ଅଛ ବୋଲି ଚିନ୍ତା ମୋର ନାହିଁ
ମୋ ହୃଦ୍‌ସ୍ପନ୍ଦନରେ ତମ ଘଣ୍ଟି ବାଜୁଥାଉ ପ୍ରତିକାଳରେ
ତୁମ ବିଭୂତିର ବିନ୍ଦୁ
ଝରୁଥାଉ ମୋ ପ୍ରତିଜନ୍ମରେ ।
     ମୋର ମନ ଚିରକାଳ ତୁମ ଭକ୍ତିର ସାଗରରେ ବୁଡ଼ିରହୁ
     ମୋ ଜୀବନ ସ୍ୱପ୍ନରେ ତୁମ ଛବି ଆସୁଥାଉ
     ଚେତାଇ ଦେବାକୁ "ସତ୍ୟପଥ ଯାଉଥାଉ
     ଅସତ୍ୟ ପଥ ଧରିଲେ ମୋତେ ଭୁଲି ଯାଅ ।"
ତୁମ ଦରଶନ ଲଭି ମୋ ନିଦ ହଠାତ୍‌ ଯାଏ ଭାଙ୍ଗି
ଭାବୁଥାଏ ଆଉ ଟିକିଏ ଥାଅନ୍ତ ମୋ ସ୍ୱପ୍ନରେ
ତୁମ ଦରଶନ କରି ମୁଁ ଜୀବନ କରେ ଧନ୍ୟ
ତୁମେ ଅଛ ସବୁ ସମୟରେ
ଏ ମଣିଷ ପାଖରେ
ତଥାପି ଅସଂଯତ ମନ କାହିଁ ବ୍ୟର୍ଥ ହୁଏ ଅଧୀରେ ?
ତୁମେ ହିଁ ଜାଣ
ହେ ପତିତପାବନ !
ତୁମେ ହିଁ ପରମେଶ୍ୱର ଜଗତ ଈଶ୍ୱର
ଆମକୁ ରକ୍ଷାକର ।

ତୁମେ ପିତା, ତୁମେ ମାତା, ତୁମେ ବନ୍ଧୁ ତୁମେ ସଖା ସହୋଦର
ତୁମେ ହିଁ ସର୍ବ ଦେବ ଦେବ ଈଶ୍ୱର
ସେ ନାଁ ଅହର୍ନିଶ ଭଜୁଥାଉ ମୋ ମନ ନିରନ୍ତର
ତୁମ ନିର୍ଦ୍ଦେଶରେ ହୋଇ ମୁଁ ବିଭୋର
ଲେଖିଛି ଏ ମୋ ମନର ଅକ୍ଷର
କ୍ଷମା କରିବ ହେ ପ୍ରଭୁ ଦୋଷ ମୋର
ତୁମ ଡ଼ୋରି ଲାଗିଥାଉ ମୋଠାରେ ବାରମ୍ବାର ॥

କୃଷ୍ଣା

॥ ଏକ ॥

ହେ କୃଷ୍ଣ, ଘେନ ମୋର ବିନତୀ
କାହିଁକି ସହିଲି ଏତେ ଅନ୍ୟାୟ ଅନୀତି
ମୋହମାୟା ସଂସାରରେ କେବଳ ମୁହିଁ ନିମିତ୍ତ ମାତର
ତମେ ହିଁ ଯୁଗ ଯୁଗକୁ ଲଭିଛ ଖ୍ୟାତି
ମୋର ମାନ ଅପମାନକୁ ରକ୍ଷା କରି
କୃଷ୍ଣା ନାମ ବହିଛି ମୁହିଁ ସଖୀ ତୁମର ।

ହେ ମୋର ପ୍ରିୟ ସଖା, ଆତ୍ମା ଓ ପରମାତ୍ମା
ଦିନେ ଏକ ସମ୍ମୋହନ ମନ ନେଇ ତୁମ ପଦଯୁଗଳରେ
ନିଜ ଆତ୍ମାକୁ ସମର୍ପିଲି
ତୁମେ ମୋର କାବ୍ୟମୟ ପୁରୁଷ ଭାବିଲି
ମୋ ଅଦେଖା ମନର ଗଭୀର ତନ୍ତ୍ରୀରେ
ଶୁଣିଲି ତୁମର ସୁମଧୁର ସ୍ୱରର ଡ଼ାକ 'କୃଷ୍ଣା', 'କୃଷ୍ଣା'
କିପରି କାହିଁକି ବୁଝିପାରି ନଥିଲି ?
କିଏ ସେ କୃଷ୍ଣ ଦେଖିନି ସ୍ୱଚକ୍ଷୁରେ
ଶୁଣିଲି କୃଷ୍ଣା ଡ଼ାକ ଭ୍ରମିତ ମନରେ ।

॥ ଦୁଇ ॥

ମୁଁ ଏକ ନାରୀ, ଥିଲି କନ୍ୟା, ଜାୟା ଓ ଜନନୀ
ସ୍ୱର୍ଗାରୋହଣ ପଥରେ ମୁଁ ନିଃସ୍ୱ ଏକାକୀ ପଥଚାରୀ
ତୁମେ ସୃଷ୍ଟିକର୍ତ୍ତା ଓ ମୃତ୍ୟୁଦାତା
ମୋ ପାଦ ତ ନୁହେଁ ଅଗ୍ରସର, ଶରୀର କ୍ଷତବିକ୍ଷତ
ଏଠି ମୋ ପଞ୍ଚମହାଭୂତ ଶରୀର ହିଁ ହେବ ନିଷ୍ପନ୍ଦ,
ମୁଁ କୁଆଡେ ସ୍ୱଦେହରେ ସ୍ୱର୍ଗକୁ ଯିବାକୁ ମିଳିନି ଆଶିଷ
କି ଦୋଷ ମୋର
ପଞ୍ଚପତିଙ୍କ ରାଜରାଣୀ ହୋଇ ?
ଆଜି ହେବ ମୋ କାହାଣୀ ଶେଷ
ମୁଁ ଅଲୋଡା ହୋଇ ପଡୁଛି ଏହି ଧରା ମାଟି ଛୁଇଁ
ହୁଅ ତୁମେ ଦେଖା, କର ମୋତେ ପରିତ୍ରାଣ
ହେ ମୋ ଭାଗ୍ୟବିଧାତା ।

ତମ ହାତରେ ବନ୍ଧା ମୋ ଜୀବନ ମରଣ
ତମ ଛଡ଼ା କିଏ କରିବ ମୋ ଲକ୍ଷ୍ୟ ପୂରଣ
ମାୟାସଂସାର ଭ୍ରମରେ ଚାଲୁଚାଲୁ
ଶୋକ ଦୁଃଖ ଯନ୍ତ୍ରଣାର ଶିରୋନାମାରେ ପଶି
ପାଲଟିଗଲି ଗୋଟିଏ ଅସରନ୍ତି ଭଣ୍ଡାରର କାହାଣୀ ।

ମହାମୁନି କୃଷ୍ଣ ଦ୍ୱୈପାୟନଙ୍କ ଦୃଷ୍ଟିରେ ମୁଁ ଦିବ୍ୟଦର୍ଶିନୀ
ମୁଁ ନୁହେଁ ଜାତିସ୍ମର
କେମିତି ଜାଣିବି ପୂର୍ବଜନ୍ମର ଶିବଙ୍କ ବରଦାନର ରହସ୍ୟ ?
ମୋ ପ୍ରତିବାଦ ନୀରବିଗଲା ଭରା କୌରବ ସଭାରେ,
ରାଜରାଣୀ ଦ୍ରୌପଦୀରୁ ବୋଲାହେଲି ଦାସୀ
ମୁଁ କେବଳ ମାନବୀ, ନୁହେଁ ଦେବୀ
ମୋ ନାରୀ ଉତ୍ସର ତେଜ ଜଳିଲା ହୁହୁ ହୋଇ ମୋ ଆତ୍ମାସତ୍ତାରେ
ରଚ଼ନା ହେଲା ସମୟ ଛିନ୍ନଫର୍ଦ୍ଦରେ
ମୋ ପ୍ରତିଶୋଧର ପ୍ରତିଜ୍ଞାବଦ୍ଧତାର ବର୍ଣ୍ଣିଳ କାହାଣୀ ।

॥ ତିନି ॥

ମୋ ପ୍ରତିବାଦର ଜ୍ୱଳନ ଯୁଦ୍ଧରେ
ମୁଁ ପାଲଟିଗଲି ଗୋଟି ହୋଇ
ପଞ୍ଚପତିଙ୍କ ସହ ଚାଲୁଚାଲୁ
ଏବେ ମୁଁ ତ ଏକାକୀ ନିଃସହାୟ ପଥଚାରୀ ନାରୀ
ଜ୍ୟେଷ୍ଠସ୍ୱାମୀ ଯୁଧିଷ୍ଠିରଙ୍କ ନିର୍ଦ୍ଦେଶ ମାନି
ଅନ୍ୟ ଚାରିସ୍ୱାମୀ
ଅବିଳମ୍ବେ ମୋ କଥାକୁ ସ୍ମରଣ ନ କରି
ତ୍ୟାଗ କରି ଅଧା ପଥରେ
ଆଗକୁ ଗଲେ ମାଡ଼ି
ମୋ ପାଦତଳର ମାଟି ଖସିଗଲା ଏ କଥା ଦେଖି ।
ଏବେ ମୃତ୍ୟୁର ଦ୍ୱାରଦେଶରେ
ମୁଁ କେବଳ ଏକ ଏକେଲା ନାରୀ ।
ଏହି ନିରୋଳା ମୁହୂର୍ତ୍ତରେ
କିପରି ସାକାର କରିବି ସ୍ୱର୍ଗାରୋହଣ

ତର୍ଜମା କରିବାକୁ ନାହିଁ ମୋ ପାଖରେ ସମୟ
ନିଜକୁ ଖୋଜି ବସିଲି ଆସନ୍ନ ବେଳାରେ
ଏ ଜନ୍ମର ଆୟୁଷ ଭିତରେ
ମୁଁ ମାୟାରେ ଛଟପଟ ହେଲି କେମିତି
ଭୁଲଭ୍ରାନ୍ତିର ଦୋଷରେ ଘାଣ୍ଟିହେଲି
କର୍ମଯୋଗର ଗାଲିଚାରେ
ନିର୍ଦ୍ଧାରିତ ଭାଗ୍ୟ ଡ଼ୋରିରେ ବିଶ୍ୱାସ କରି ବଞ୍ଚିଗଲି
ପଞ୍ଚପତିଙ୍କୁ ସମ୍ଭାଳି ।
କିନ୍ତୁ ଏଠି ଅତୀତର ଶବ୍ଦର ମାଧୁର୍ଯ୍ୟତା ଭୁଲି
ଅଚାନକ ଅଚିହ୍ନା ପାଲଟିଗଲେ ମୋ ପଞ୍ଚପତି
ଟିକିଏ ସାହାରା ଦେବାକୁ କେମିତି ?
ଅଧାବାଟରୁ ଛାଡ଼ିଦେଇ ଗଲେ ବାଟଭାଙ୍ଗି
ସତେ ମୁଁ ଏକ ଅଚିହ୍ନା ନାରୀ !

॥ ଚାରି ॥

ମୁଁ କୃଷ୍ଣା, କୃଷ୍ଣଙ୍କ ସଖୀ
ସେ ମୋ ମାନଅପମାନର ରକ୍ଷକ ସାଜି
ଅଦୃଶ୍ୟ ଭିତରେ ଦୃଶ୍ୟ ହେଲେ,
ଉପସ୍ଥିତି ସର୍ବତ୍ର ବିଦିତ କଲେ
ସେ ହିଁ ଭଗବାନ, ଗର୍ବଗଞ୍ଜନ ଗୋବିନ୍ଦ
ସେ ମୋର ଜନ୍ମ ଓ ମୃତ୍ୟୁଦାତା ଓ ତ୍ରାଣକର୍ତ୍ତା
ସ୍ୱର୍ଗାରୋହଣ ପଥରେ ହୁଅ ଟିକିଏ ଦେଖା ।
 ମୋ ପାଇଁ କୁରୁକ୍ଷେତ୍ର ପାଲଟିଗଲା ରକ୍ତକ୍ଷେତ୍ର
 ମହାଭାରତ ଯୁଦ୍ଧକୁ ଆହ୍ୱାନ କରି
 ମୋର ପାଇଁ ନଦୀ ରକ୍ତନଦୀ ପାଲଟିଗଲା
 ଶହ ଶହ ଶବ ଭାସିଲା
 ମହାଭାରତ ଯୁଦ୍ଧରେ ଅନେକ ଜୀବନ ପ୍ରଦୀପ ଲିଭିଗଲା
 ଅକାଳ ସ୍ରୋତରେ,
 କିଏ ଦାୟୀ ମୁଁ ନା ଦୁର୍ଯ୍ୟୋଧନ ନା ଦୁଃଶାସନ
 ନା ଯୁଧିଷ୍ଠିର ?
 ସମସ୍ତେ ତ ମଣିଷ ଥିଲେ
 କିଏ ଗଲା ନର୍କକୁ ତ କିଏ ଯିବ ସ୍ୱର୍ଗକୁ ?

ମୁଁ ମନେମନେ ତର୍ଜମା କରୁଥିଲି
ଭାବୁଥିଲି ମୁଁ ପାଇବି ସ୍ୱର୍ଗରେ ସ୍ଥାନ ଭବିଷ୍ୟତରେ ।
ମୁଁ ତ ଯାଜ୍ଞସେନୀ
ଯଜ୍ଞ କୁଣ୍ଡରୁ ସମ୍ଭୁତା ଦ୍ରୁଲଣୀ ।
କିନ୍ତୁ ମୁଁ ତ ନୁହେଁ ଜନ୍ମିତ ଶିଶୁକନ୍ୟା
ମୁଁ ବରଣକନ୍ୟା ହୋଇ
ଯୌବନର ରୂପ ନେଇ
ଯଜ୍ଞକୁଣ୍ଡରୁ ହେଲି ଜାତ ଦ୍ୱାପରଯୁଗରେ
ମୋ ପିତା ଦ୍ରୁପଦଙ୍କ ଆବାହନରେ
ଧରିବାକୁ ଅସ୍ତ୍ର ଦୁଷ୍ଟନାଶନ ପାଇଁ
କରିବାକୁ ଧର୍ମରକ୍ଷା
ଓ ମୋ ପିତାଙ୍କ ଅପମାନର ପ୍ରତିଶୋଧ ପୂରଣ ପାଇଁ ।

|| ପାଞ୍ଚ ||

ମୁଁ ଥିଲି ପ୍ରତିଜ୍ଞାବନ୍ଧା
ମୁଁ ଥିଲି ପ୍ରତିଶୋଧପରାୟଣୀ
ମୁଁ ଥିଲି ଦୁଷ୍ଟ ସଂହାରକାରୀ
ଯଦିଓ ମୁଁ ଥିଲି ନାରୀ
ଲାଞ୍ଛନା ଅପମାନର ଜ୍ୱଳନରେ ଖୋଲିଲି କବରୀ
ହେଲି କୌରବନାଶନୀ ।
ଅଙ୍ଗେ ଅଙ୍ଗେ ଜଳୁଥିଲା ପ୍ରତିଶୋଧ ଧ୍ୱନିର ପୁଲକ ।
ସବୁ ଦୋଷ କ'ଣ ମୋର ଥିଲା ?
ସବୁ ପାପ କ'ଣ ମୋର ଥିଲା ?
ମୋ ପଞ୍ଚପତି ମୋଠାରୁ ହେଲେ ପୂଣ୍ୟବାନ କେମିତି
ବୁଝି ତ ପାରିଲି ନାହିଁ ।
ନାରୀତ୍ୱର ଗାରିମାକୁ ବଜାଇ ରଖିବାକୁ ମୋର ଜନ୍ମ
ତଥାପି ପଞ୍ଚପତି କଲି ବରଣ
ଏହି ମାନସିକ ସଂକଟ ବେଳେ ଉଭାହୋଇଥିଲ କୃଷ୍ଣ
ତୁମେ ତ ଶିଖାଇଲ ପାରିହେବାର ମନ୍ତ୍ର
କେତେ ବୁଝିଥିଲ ମୋ ମନର କଷ୍ଟ ଓ ଦ୍ୱନ୍ଦ୍ୱ
ସଂସାରରେ ପାଦଥାପି ଚାଲିଲା ବେଳେ ।

॥ ଛଅ ॥

ପଞ୍ଚପତିଙ୍କ ମେଳରେ ଏକ ମିଠା ସଂପର୍କ ଯୋଡ଼ିଥିଲି
ସ୍ୱାର୍ଥପର ନହୋଇ ପ୍ରୀତି ପ୍ରତ୍ୟୟରେ,
ତଥାପି ମୁଁ ଆଜି କେମିତି ପ୍ରେମରେ ସ୍ୱାର୍ଥପର ହୋଇଗଲି
ପ୍ରଥମ ପାଣ୍ଡବ ଯୁଧିଷ୍ଠିରଙ୍କ ଉକ୍ତିରେ
ଏହି ସ୍ୱର୍ଗାରୋହଣ ବେଳେ ।

ସଂକଟରେ ଯେତେ ଯେତେ ପଥ
ଲାଞ୍ଛନା ନିର୍ଯ୍ୟାତନାର ଯେତେ ଯେତେ କଷ୍ଟ
ଭୁଲି ତ ପାରୁନି ଆଜି
ନାରୀ ବୋଲି ତ ପୁରୁଷ ଚିହ୍ନିଲେନି ମୋ ମନ
ମୁଣ୍ଡପାତି ସହିଗଲି ଯେତେ ଯେତେ କଷଣ
ପୁରୁଷ ପ୍ରାଧାନ୍ୟତାରେ ଛିନ୍‌ଭିନ୍ ହୋଇଗଲା ମୋ କୋମଳ ମନ
ବାରମ୍ବାର ଶୁଭୁଥିଲା କୌରବ ସଭାର ଅଟ୍ଟହାସ୍ୟର ରୋଳ ।

କି ଭୂମିକା ଥିଲା ସେଠି ପିତାମହ ଭୀଷ୍ମ, ଗୁରୁ ଦ୍ରୋଣ,
ମନ୍ତ୍ରୀ ବିଦୂରଙ୍କ ପରି ଜ୍ଞାନୀ ପରିଜନଙ୍କର ମେଳଣ ?
ମହାରାଣୀ ଦ୍ରୌପଦୀଙ୍କ ଲୁହରେ କ'ଣ ହେଲାନି ସେମାନଙ୍କ ମୋହଭଗ୍ନ ?
କ'ଣ ପରାହତ କରିପାରିଲେ ନାହିଁ ନାରୀ ନିର୍ଯ୍ୟାତନା ଆତ୍ମାର କଷଣ ?
ଅପମାନର ଦୁଃଖାନୁଭୂତିରେ ମୁଁ ପାଲଟିଗଲି ପ୍ରତିଶୋଧପରାୟଣୀ
ଉତ୍ପନ୍ନ ହେଲା କୁରୁକ୍ଷେତ୍ରର ମହାସଂଗ୍ରାମର ମଞ୍ଜି ।

ନାରୀ ସଂଜ୍ଞା ନୁହେଁ ମୁଣ୍ଡପାତି ସହିଯିବି ଅପମାନ
ଅନ୍ୟର ଆନନ୍ଦର ବିଭବରେ
ମୁଁ ଜଳିପୋଡ଼ି ଭସ୍ମ ହେଉଥିବି କ'ଣ ବାରମ୍ବାର ?
ମାନବ ସଭ୍ୟତାର ବିଶ୍ୱାସର ପରମ୍ପରାରେ
ଏ ତ ନାରୀ ପ୍ରତି ଏକ ବର୍ବରତାର ଆରମ୍ଭ
କୌରବଙ୍କ ଅବସାନ ପାଇଁ
ମୋର ମୂଲ୍ୟବୋଧ ରକ୍ଷା ପାଇଁ
ମୋ ମୁକୁଳାକେଶ ହିଁ ଅୟମାରମ୍ଭ ଥିଲା ମୋ ପ୍ରତିବାଦର ।

॥ ସାତ ॥

ମୋ ଶିରା ପ୍ରଶିରାରେ ସମ୍ପର୍କର ସ୍ୱାଦ ?
ଅମୃତରୁ ବିଷରେ ପରିଣତ କରିବାକୁ ନ ଥିଲା ସମୟ
ନେଇଥିଲି ସଂକଳ୍ପ କରିବାକୁ କୌରବବଂଶ ନାଶ
ମାନୁଛି ମୋ ପାଇଁ କୁରୁକ୍ଷେତ୍ରରେ ମହାଭାରତ ଯୁଦ୍ଧ
ମୋ ପାଇଁ ଶହ ଶହ ସରଳ ନିରୀହଙ୍କ ସଂହାର
ମୋ ପାଇଁ ଅନେକଙ୍କ ମନରେ ଘୃଣା ଆସିଥିଲା
କିନ୍ତୁ ମୋ ପାଇଁ ତ ଅହଂକାରର ପତନ ସୁନିଶ୍ଚିତ ଥିଲା ।
ଅପସଂସ୍କୃତି ଭିତରକୁ ପ୍ରଥମେ ତ ମୋ ପରି
ନାରୀଟିର ଅପରୂପ ଜୋରଦବରଦସ୍ତିର ଦର୍ଶନ
କୁଳବଧୂ ହୋଇ ମଧ୍ୟ ଭାରିସଭାରେ ମଥାନତ ବିଜ୍ଞବ୍ୟକ୍ତଙ୍କ ଗହଣରେ
କାମାନ୍ଧ ପୁରୁଷ ଦୁଃଶାସନ କରିଥିଲା ମୋ ବସ୍ତ୍ରହରଣ
ଉନ୍ମାଦନାର ଅଧିକାରକୁ ସାବ୍ୟସ୍ତ କରି
ନିଃସହାୟ ଦୁର୍ବଳା ଭାବି ନାରୀଟି ଉପରେ
କରିଥିଲେ ଚରିତ୍ର ସଂହାର ପଞ୍ଚପତିଙ୍କ ଧର୍ମପତ୍ନୀ ବୋଲି କର୍ଣ୍ଣଙ୍କ ମୁଖରେ ।
ମୋର କି ଦୋଷ ଥିଲା ?
ଥିଲା ତୁମ ମାତା କୁନ୍ତୀଙ୍କର ହେ ଯୁଧିଷ୍ଠିର
ପଞ୍ଚପୁତ୍ରଙ୍କ ଗହଣରେ ବାଣ୍ଟିନେବାକୁ ମୋତେ
କ'ଣ ଠିକ୍ ଥିଲା ତୁମର ପଣ ?

।। ଆଠ ।।

ମୁଁ କରିଥିଲି ଏକ ପତିଙ୍କୁ ବରଣ
ତୃତୀୟ ପାଣ୍ଡବ ଅର୍ଜ୍ଜୁନଙ୍କ ପରାକାଷ୍ଠାର ବିଜୟିନୀ ଥିଲି ମୁଁ
ତଥାପି ନାରୀ ବୋଲି ସତ୍ୟରକ୍ଷାର ଗୋଟି ହେବା ପାଇଁ
ସହଧର୍ମିଣୀ ହୋଇ ଧରିଲି ପଞ୍ଚପତିଙ୍କ ହାତ
କିନ୍ତୁ ଆଜି ଚୁପ୍ ଏଠି ଭାରିଜନରେ ପଞ୍ଚପତି
ଯୁଧିଷ୍ଠିରଙ୍କ ନ୍ୟାୟର ଫର୍ଦ୍ଦ
କ'ଣ ଲିଭାଇପାରିବ ଏହି ହୃଦୟହୀନ ମୁଢମତି ଦୃଶ୍ୟ ?
ଏହି ଘଡ଼ିସନ୍ଧି ମୁହୂର୍ତ୍ତରେ ମୋ ସଖା କୃଷ୍ଣ ତ ନଥିଲେ ସେଠି
ଓହ୍ଲେଇ ଆସିବେ ଆସନରୁ
ନ୍ୟାୟଦେବା ପାଇଁ ଯୁକ୍ତି କରିବାକୁ ।
ଆଗରେ ବର୍ବର ମାନସିକତାର ଆଖିରେ ଅସ୍ଥିର ପୁଲକର ମୋହ
ଅନ୍ୟପଟେ ଆଖିବୁଜି ବସିଥିବା ସଭାସଦନଙ୍କ ମୌନ ମୁହଁ
ଅନ୍ୟାୟ ବ୍ୟଭିଚାରର ନିବାରଣ ପାଇଁ
ମୁଁ ବିବଶତାରେ ହାତଟେକି ଉଚ୍ଚାରିତ କରିଥିଲି
ମୋ ସଖା କୃଷ୍ଣଙ୍କୁ କରିବାକୁ ମୋ ଲଜ୍ୟା ନିବାରଣ
ଅକସ୍ମାତ ଶୂନ୍ୟରୁ ଅସରନ୍ତି ବସ୍ତ୍ରର ସମ୍ଭାର ଭିତରେ

ବ୍ୟଭିଚାରୀଙ୍କ ଅଟ୍ଟହାସ୍ୟ ଅଭିମାନ
ଦୋହଲି ଦୋହଲି ହେଲାବେଳକୁ ଭୂମିନତ
ସେମାନଙ୍କ ପରାହତ ନିସ୍ତବ୍ଧ ହେଲା
ଅବିଶ୍ୱାସର ହାହାକାରରେ ।
ମୋ ବିଶ୍ୱାସ ଆଖିରେ ଚମକୁ ଥିଲେ,
କୃଷ୍ଣ ମୋର ସଖା, କରିଥିଲ ଲଜ୍ୟା ନିବାରଣ ଅଦୃଶ୍ୟ ହସ୍ତରେ
ଏ ଜୀବନର ଗତି ଆଗକୁ ଅଗ୍ରସର
କର ହେ ମୋ କ୍ଲାନ୍ତ ଦୂର ଏ ସର୍ପିଳ ପଥରେ
ଅଙ୍ଗେ ନିଭାଇ ଆସିଛି ଦାରୁଣ ବିପର୍ଯ୍ୟୟ ବିଡମ୍ବନାର ବାସ୍ତବତାରେ
ମାନବ ଇତିହାସରେ ମୁଁ ଗୋଟିଏ ଜ୍ୱାଳାମୁଖୀ ନାରୀ
ଯିଏ ମୁକୁଳା କେଶରେ
ଅପମାନ ରକ୍ତର ଲେପନ କରିବାକୁ
କରିଥିଲା ପଣ ମହାଭାରତ ଯୁଦ୍ଧରେ ।
ନିଜ ପ୍ରେମର ପାଟପତନୀରେ
ନିଜ ରୂପଲାବଣ୍ୟର ଜ୍ୟୋତିରେ ।

॥ ନଅ ॥

ବୁଝି ପାରୁନି ଆଜି କୁଆଡ଼େ ମୁଁ କରିଥିଲି ପାତର ଅନ୍ତର
ପଞ୍ଚପତିଙ୍କୁ ପ୍ରେମ ପ୍ରଦାନରେ
ମୁଁ ପାପିନୀ ଯିବାକୁ ସ୍ୱର୍ଗପୁର ଅସମର୍ଥ, କେବେ ମୁଁ ଅପବିତ୍ର ନଥିଲି,
ନାରୀ ସେବାରେ ମଗ୍ନଥିଲି ହୋଇ ପତିଙ୍କ ମେଳରେ ବନବାସିନୀ
ଏବେ ମୁଁ ଅଲୋଡ଼ା, ଅଖୋଜା କେମିତି ହେଲି
ମୁଁ ତ ଯନ୍ତ୍ରଣା ହ୍ରଦରେ ସ୍ନାନ କରି ପତିମାନଙ୍କ ସଙ୍ଗରେ
ଧର୍ମପତ୍ନୀର ଭୂମିକା ବେଳେ ଛଳନା କରିନଥିଲି
ସେମାନଙ୍କ ମଧୁଶାଳାରେ ମୁଁ ଥିଲି ଅମ୍ଳାନ ପ୍ରିୟତମା
ଆଜି କେମିତି ମୁଁ ହେଲି ମ୍ଳାନ
ଯୁଧିଷ୍ଠିରଙ୍କ ନ୍ୟାୟର ଜ୍ୟୋତିର ପରାକାଷ୍ଠାରେ ।

ଏବେ ମୋ ଶରୀର କ୍ଷୀଣ
ମୋ ଅଙ୍ଗସଜ୍ଜାରେ ନାହିଁ ରୂପର ଲାବଣ୍ୟ
ବଳକା ଆୟୁଷକୁ ମର୍ତ୍ତ୍ୟରେ ନସାରି
ସ୍ୱର୍ଗରେ ନେଇ ପହଞ୍ଚି ଯିବାକୁ ମୋର କାମନା
ଏ କ'ଣ ଧର୍ମପୁତ୍ର ଯୁଧିଷ୍ଠିରଙ୍କ ନୀତିଲେଖା ଯାତନା
ମୁଁ ଡେଇଁ ପାରିବିନି ପଥର କଠୋରତା
ଅଟକିଯିବି ଏଠି ହୋଇ ପାପୀନୀର ଅଶୁଦ୍ଧତା
ମୁଁ ପରା ଏକ ପଞ୍ଚମହାଭୂତ ଶରୀରର ଅଧିକାରୀ ନାରୀ

ଚାହୁଁନଥିଲି ରାଜ୍ୟର ପତନ ଆଞ୍ଜୁଳାଏ ଦୁଃଖ ଭରି
ମୋର ଜୀବନ ତ ରକ୍ତମାଂସ ଧାରୀ
ନିଜକୁ ବିଭକ୍ତ କରି ପଞ୍ଚପତିଙ୍କ ମେଳରେ ।
କେତେବେଳେ କଲି ପାତର ଅନ୍ତର ଭାଇଙ୍କ ଗହଣରେ ?
ଏବେ ଯୁଧିଷ୍ଠିର, ଅକସ୍ମାତ ତମ କଲ୍ୟାଣୀର ଗୋଡ଼ ଖସିପଡ଼ିଲା ବେଳେ
ଦ୍ୱିତୀୟ ପାଣ୍ଡବ ଭୀମସେନ ଚିତ୍କାର କଲେ
ପାଞ୍ଚାଳୀ ଗଲେ ଖସି
ସେତେବେଳେ ଉତ୍ତର ଥିଲା ଯୁଧିଷ୍ଠିରଙ୍କର
"ନିଜ ଗତିରୋଧ ପାଇଁ ନିଜେ ଦାୟୀ ପାଞ୍ଚାଳୀ
ଯାହାଙ୍କୁ ମୁଁ ଶ୍ରଦ୍ଧାରେ ଡାକୁଥିଲି କଲ୍ୟାଣୀ
କିନ୍ତୁ ଅଧିକ ପ୍ରେମାସକ୍ତ ଥିଲେ ତୃତୀୟ ପାଣ୍ଡବ ଅର୍ଜୁନଙ୍କ ପ୍ରତି
ହିମାଳୟ ପଥରେ ନ ହୁଅ ତା ସାଥୀ
ଅଗ୍ନିଜାର ଅଧିକାର ନାହିଁ ସ୍ୱର୍ଗସୁଖର ।"
ଏ କ'ଣ ନ୍ୟାୟଦଣ୍ଡର ଫଳ
ପତ୍ନୀ ସର୍ମପଣର ?

॥ ଦଶ ॥

ହେ ପ୍ରଥମ ପାଣ୍ଡବ ଯୁଧିଷ୍ଠିର
ତମେ ପରା ଧର୍ମ ଅବତାରୀ ପୁରୁଷ
ତୁମ କଲ୍ୟାଣୀ ପ୍ରତି ଏ ନୁହେଁ କି ଅବିଚାର ?
ପରିଚିତ ଆତ୍ମୀୟସ୍ୱଜନଙ୍କୁ ଅନ୍ତରାୟ କରି
ତୁମମାନଙ୍କ ଧର୍ମ ସାଥିରେ ଅଙ୍ଗୀକାର ହୋଇ
ଏବେ ଶୁଣୁଛି ତାଚ୍ଛଲ୍ୟର ସ୍ୱର କାହିଁକି ମୁହିଁ ?
ମୁଁ ତ ଆଖିରେ ସ୍ୱପ୍ନ ବୁଣିଥିଲି ସ୍ୱାମୀଟିଏ ପାଇଁ,
ତୃତୀୟ ପାଣ୍ଡବ ତ ମୋ ପରି ଲବଣୀ ପିତୁଳା କନ୍ୟା ବିଜୟୀ
ମୋ ଆଖିରେ ଅସଂଖ୍ୟ ଚକ୍ ଚକ୍ ସ୍ୱପ୍ନ ଭର୍ତ୍ତି ହୋଇଗଲା
ଅର୍ଜ୍ଜୁନଙ୍କୁ ବରଣମାଳା ଦେଇ,
ମୋ ନିଃଶବ୍ଦ ମନର ପ୍ରେମାସ୍ପଦରେ ଅର୍ଜ୍ଜୁନ ହିଁ ମୋ ସ୍ୱାମୀ ଥିଲେ
ମୋ ଗଭୀର ହୃଦୟରେ ସୁଗନ୍ଧିତ ବାସ୍ନା ତ କାମାନାସିକ୍ତ ହୋଇ
ପଡୁଥିଲେ ଅର୍ଜ୍ଜୁନଙ୍କ ବିଜୟ ଉଲ୍ଲାସରେ
ମୁଁ ପ୍ରଥମେ ପାଇଗଲି ମୋ ସ୍ୱାମୀଙ୍କ ପରିଚୟ ସଭାସ୍ଥଳେ
ଉଭେଇ ଯାଇଥିଲା ମୋ ମନର ଆଶଙ୍କା ନିମିଷକେ
ମୁଁ ଆଖିରେ ଆଖିଏ ସ୍ୱପ୍ନ ବୁଣି ପୂର୍ଣ୍ଣତାରେ ଭରିଯାଇଥିଲି
ହୃଦୟ ବିଦାରକ ଶବ୍ଦର ନିର୍ଦ୍ଦେଶରେ ଆର୍ଯ୍ୟାବର୍ତ୍ତର ଶ୍ରେଷ୍ଠ ବୀରତ୍ୱର
ଆକର୍ଷଣରେ ।

ମୁଁ ଦୁର୍ମୂଲ୍ୟ ବସ୍ତୁପରି ଭାଗବଣ୍ଟା ହୋଇଗଲି
ମାତା କୁନ୍ତୀଙ୍କର ହୃଦୟ ବିଦାରକ ନିର୍ଦ୍ଦେଶରେ ।
ଏ କି କିଂଭୂତକିମାକାର କଳଙ୍କିତ ଅଧ୍ୟାୟ ତ ଯୋଡ଼ି ଦେଲ
ମୋର ନୀଳରକ୍ତରେ ନିଃସର୍ତ୍ତ ପ୍ରେମର ବିଶ୍ୱାସକୁ ବୋଳିଦେଲ ।
ଏବେ କେମିତି ହେଲା ମୋ ଦୋଷ
ମୋ ପ୍ରେମ ପ୍ରତିପାଦନର ପାତର ଅନ୍ତରରେ ?
ତୁମେ ପରା ନ୍ୟାୟ ଅବତାର !
ଏ କି ଅବିଚାର ହେ ମୋର ପ୍ରଥମ ପତି ଯୁଧିଷ୍ଠିର ?
ମୋ ସଙ୍କଟ ମୋଚନ କର
କାହିଁକି ଦ୍ୟୁତକ୍ରୀଡ଼ାର ଗୋଟି କରି ମୋତେ ଲଗାଇଲ ବାଜି
ମୁଁ ପରା ତୁମ ପତ୍ନୀ
ନୁହେଁ କ୍ରୀଡନକ ଦ୍ୟୁତକ୍ରୀଡ଼ାରେ
ମୁଁ ଚାହିଁନଥିଲି ମୋ ପତନ ତମ ସତ୍ୟନିଷ୍ଠତାରେ
ମୁଁ ଚାହୁଁଥିଲି ମୋ ପୁତ୍ର ପୌତ୍ରମାନଙ୍କ ଓଠର ସ୍ୱର
ମୁଁ କେବେ ଚାହୁଁନଥିଲି ରାଜ୍ୟର ପତନ
ମୁଁ ମଧ୍ୟ ଚାହୁଁଥିଲି ଶାନ୍ତିର ଜୀବନ
ସତରେ ମୋ ଶାନ୍ତିରେ ଭରିଦେଲ ଅଗ୍ନିଶିଖା
ସେ ଶିଖାର ବହ୍ନିରେ ତୁମ କାମନାର ଆଲୋକକୁ
ନିର୍ବାପିତ କରିବାକୁ ମୁଁ କ'ଣ ବର୍ତ୍ତିକା ?
ଜଣେ ରାଜାରାଣୀର ସୁରକ୍ଷା ଦେବାରେ ଅସମର୍ଥ ହୋଇ
ପ୍ରସ୍ତର ମୂର୍ତ୍ତି ପରି ନିଶ୍ଚଳ ହୋଇ ପଡିଥିଲ କେମିତି ?
ପତ୍ନୀର ବିବସନା ରୂପ କ'ଣ
ବିଦୀର୍ଣ୍ଣ କରିପାରିଲାନି ତୁମ ଆତ୍ମସଂଯମତା
ଏ ଅନ୍ୟାୟ କରିପାରିଲନି ପ୍ରତିହତ,
ପତ୍ନୀର ବିଶ୍ୱାସ ଓ ମନକୁ ଚିହ୍ନିଲନି
ଅର୍ଧମକୁ ସହ୍ୟ କରିଗଲ !

ମୁଁ ପରା ବହ୍ନିକନ୍ୟା ଜନ୍ମିଛି ଧର୍ମରକ୍ଷା ପାଇଁ
ମୋ ଆତ୍ମା ମୋତେ କ'ଣ କ୍ଷମାଦେଇ ପାରିଥାଆନ୍ତା
ଈଶ୍ୱରଙ୍କ ଇଚ୍ଛା ବିରୁଦ୍ଧ ଉଲ୍ଲସିତ କାଳିମା ଅଭିମାନ ଦର୍ଶନରେ
ସତ୍ୟ ତ ଦୁଇପାଦ ଥିଲା ଏହି ଦ୍ୱାପର ଯୁଗରେ
କେମିତି ସତ୍ୟର ପରିପ୍ରକାଶ ଦବିଗଲା କଳିର ବିଜୟର ଷଡଯନ୍ତ୍ରରେ ?
କୁରୁକ୍ଷେତ୍ର ଯୁଦ୍ଧ ଶିଖାଇ ଦେଲା ମାନବଙ୍କୁ
ସତ୍ୟ ଧର୍ମର ବିଜୟ ସବୁବେଳେ ।

।। ଏଗାର ।।

ଏବେ ମୋହ ମାୟାକୁ ମୁଁ ବହୁତ ଦୂରରେ ଥାପି
ସ୍ୱଇଚ୍ଛାରେ ସ୍ୱର୍ଗାରୋହଣର ମୋହରେ ଚଢ଼ିଲାବେଳେ
ମୋ ପାଦ ଖସିଲା କାହିଁକି
ମୁଁ ଜାଣିପାରିଲି ନାହିଁ ମୁଁ କେମିତି ପାପୀ
ଓଲଟି ଆକ୍ଷେପର ସ୍ୱର ତୁମର
ଛାଡ଼ିଆସ ପାଞ୍ଚାଳୀକୁ
କାହିଁକି ଏ ତୁମର ଶୋଚନା
ମନେ ପଡୁଛି ମୋର ଗୋଟି ଗୋଟି ହୋଇ ମୋ ଜନ୍ମକାହାଣୀ
ଯୌବନର ରୂପ ନେଇ
ମୁଁ ହେଲି ଯଜ୍ଞକୁଣ୍ଡରୁ ଉଭା
ଧର୍ମରକ୍ଷା ପାଇଁ ଦ୍ୱାପର ଯୁଗରେ ।

ପୁଣି ଅସ୍ତ୍ର ହେବି ଦୁଷ୍ଟସଂହାର ପାଇଁ
ମୋ ପିତା ଦ୍ରୁପଦଙ୍କଠାରେ ମୁଁ ପ୍ରତିଜ୍ଞାବଦ୍ଧା
ମୋ ପିତାଙ୍କ ଅପମାନର ପ୍ରତିଶୋଧ ନେବା
ଜଣେ କନ୍ୟାର କ'ଣ ନୁହେଁ ପ୍ରତିଜ୍ଞା
ଜାଣିଥିଲି ନାରୀଟିକୁ କିଏ ଅବଳା କରେ ?
କିଏ ଅଣନିଃଶ୍ୱାସୀ କରେ ?
ତା ଜୀବନବୃତ୍ତାନ୍ତ ଖାଲି ପ୍ରତିଦାନରେ
ନା କିଛି ନିଜ ସଂକଳ୍ପ ପୁରଣ କରିବାରେ ?
ମୁଁ ଅଙ୍ଗୀକାର ଦୁଷ୍ଟସଂହାର ପାଇଁ
ମୋ ଅପମାନର ଜ୍ୱାଳାରେ ମୁଁ ତ ଖୋଲିଲି ମୋ କବରୀ

ଲେଶମାତ୍ର ଶଙ୍କା ନକରି ପ୍ରତି ମୁହୂର୍ତ୍ତରେ ଚେ଼ତାଇ ଦେବାକୁ
ମୋ ପଞ୍ଚପତିଙ୍କୁ ମୋ ନାରୀ ଶକ୍ତିର ଉତ୍ସକୁ ଜଗାଇ ରଖିବାକୁ
ନିର୍ଦ୍ଧାରିତ କରିବାକୁ ପାପୀର ଦଣ୍ଡକୁ ।
ମୋ ଆଖିରେ ଅଗ୍ନିର ଶିଖାଭରି
କରିଲି ପ୍ରତିଜ୍ଞା ନିର୍ବାପିତ କରିବାକୁ ମୋ ଲଜ୍ୟାର କାଳିମା
ଭୁଲିଗଲିନି ସ୍ୱକୀୟ ସହୋଦରଙ୍କ ସଂପର୍କର ନୀଚତା ।
ସେମାନଙ୍କ ତାଜାରକ୍ତର ଲାଲରଙ୍ଗରେ
କରିବି ମୋ ବେଣୀ ବନ୍ଧନ
ଏହି ଉଲ୍ଲସିତ ମୁହୂର୍ତ୍ତରେ ତମେ ପରା
ମୋ ପାଖେ ଥିଲ ଦେଖିବାକୁ ମୋ ଆଖିରେ ଶାନ୍ତିର ଚିହ୍ନ ।
କିନ୍ତୁ ଏବେ ଝୁଣ୍ଟି ପଡ଼ିଲା ବେଳେ
ତୁମେ ପୁଣି ତୁମ ପରିହାସର ହୃଦୟରେ
ମୋତେ କର ଅବଜ୍ଞା ।
ସତରେ ମୁଁ କ'ଣ ଉପହାସିତା ମୋ ନିଷ୍କପଟ ପ୍ରେମରେ ?

।। ବାର ।।

ନୀଳପଦ୍ମର ପାଖୁଡ଼ା ରଙ୍ଗ ପରି ମୋ କାନ୍ତିରେ ଉଜ୍ଜ୍ୱଳତା ଭରି
ମୁଁ ତ ଜନ୍ମ ମୁହୂର୍ତ୍ତରେ ଚ଼ମକୁଥିଲି ।
ମୋ ଜନ୍ମସ୍ଥଳୀ ଯଜ୍ଞବେଦୀର ଅଗ୍ନିଶିଖାକୁ
ନିର୍ବାକ କରି ମୁଁ ଯେତେବେଳେ ହେଲି ଆବିର୍ଭୂତା
ସେତେବେଳେ ଆକାଶ ସ୍ତବ୍ଧ, ଅଗ୍ନି ସ୍ତବ୍ଧ
ଜିତେନ୍ଦ୍ରିୟ ମୁନିଗଣ ସ୍ତବ୍ଧ ହୋଇଗଲେ
ମୋ ଆପାଦମସ୍ତକ ଦର୍ଶନରେ ।

ଚ଼ମକାଇ ଦେଲି ପ୍ରକୃତିକୁ କ୍ଷଣକ ମୁହୂର୍ତ୍ତରେ
ମୋ ରୂପ ଲାବଣ୍ୟର ଅପୂର୍ବତାର ସମ୍ମୋହନରେ
ଶୁଭ୍ରବସ୍ତ୍ର, ଶୁଭ୍ରମୁକୁଟ ପିନ୍ଧି ପୃଥିବୀରେ ପାଦ ଥାପିଲା ବେଳେ
ଅପଲକ ନେତ୍ରେ ସ୍ତବ୍ଧ ହୋଇଗଲେ ଖଣ୍ଡମଣ୍ଡଳ ଜନ
ମୁଁ ଜନ୍ମିଥିଲି
ଅନ୍ଧାରର କାଳିମାରେ ଭରିବାକୁ ଆଲୋକର ସଫେଦ କିରଣ
ହେ ଈଶ୍ୱର ତମ ସୃଷ୍ଟିରେ ମୁଁ ତ ଅକସ୍ମାତ ସୃଷ୍ଟିହୋଇ
ଉଜ୍ଜ୍ୱଳିତ ହୋଇଥିଲି ମୋ କାର୍ଯ୍ୟରେ ସଫଳ ହେବାପାଇଁ !

ମୁଁ ଥିଲି ବରଣକନ୍ୟା ଅଗ୍ନିଜା
ହୋମାଗ୍ନିରେ ଆମନ୍ତ୍ରିତ କରି ଏହି ପ୍ରଦୂଷିତ ଧରାରେ ଉଭାକରାଇଲ
ଏ ଧରାକୁ ସରା ମଣୁଥିବା ଅଧର୍ମୀମାନଙ୍କୁ
ମରଣର ସ୍ୱାଦ ଚ଼ଖେଇବା ପାଇଁ ମୋର ଜନ୍ମ

ମହାଭାରତ ଯୁଦ୍ଧ ଲାଗିଗଲା ଅଠରଦିନ
ଶାନ୍ତିର ପ୍ରତିଷ୍ଠା ପାଇଁ ।
ଉଭୟପକ୍ଷଙ୍କର ସୈନିକ ଟଳିପଡ଼ିଥିଲେ
କୁରୁକ୍ଷେତ୍ରେ ମହାଭାରତ ଯୁଦ୍ଧରେ
ଶତ୍ରୁ ଅବା ମିତ୍ରପକ୍ଷର ରଣହୁଙ୍କାରରେ
ପିତାମହ ଭୀଷ୍ମଦେବ ଶରଶଯ୍ୟାରେ
ଅନାୟସରେ ଯନ୍ତ୍ରଣା ଆବୋରି
ଯୁଦ୍ଧ ନିବୃତ ହେଲେ ସ୍ୱଇଚ୍ଛାରେ ଶିଖଣ୍ଡୀର ଆବିର୍ଭାବରେ ।

କୃଷ୍ଣ କ'ଣ ଚାହିଁ ନଥିଲ ଭୀଷ୍ମଙ୍କ ମୁକ୍ତି
ନା ମୁଁ ଚାହିଁ ନଥିଲି ପିତାମହଙ୍କ ମୁକ୍ତି ?
ସେ ପରା ଥିଲେ ନିଜ ପ୍ରତିଜ୍ଞାରେ ଅଟଳ ଏକ ବ୍ରହ୍ମପୁରୁଷ
ଯିଏ ନିଜ ଜୀବନକୁ ଖାତିର ନକରି
ହସ୍ତିନାପୁର ସିଂହାସନ ରକ୍ଷା ପାଇଁ
ପାଲଟି ଯାଇଥିଲେ ଏକ ବର୍ଷୀୟାନ ପିତାମହ
ହସ୍ତିନାପୁର ସିଂହାସନର ଉତ୍ତରାଧିକାରୀତ୍ୱକୁ ନେଇ ।

କୌରବ ପାଣ୍ଡବଙ୍କ ପ୍ରତିଦ୍ୱନ୍ଦୀତାର ଅଶାନ୍ତ ବଳୟକୁ
ପିତାମହ ଭୀଷ୍ମଦେବଙ୍କୁ ଅଗୋଚ଼ର ନଥିଲା
ତଥାପି ଅଖଣ୍ଡ ହସ୍ତିନାପୁର ରାଜ୍ୟର ଆଢୁଆଳରେ
ପ୍ରତିହିଂସାର ଲାଗିଥିଲା ଆହ୍ଲାଦ
ପାଣ୍ଡବମାନେ ହିଁ କୌରବଙ୍କ ଚକ୍ଷୁଶୂଳ ପାଲଟିଯାଇଥିଲେ
ମାମୁଁ ଶକୁନି ସହାୟତରେ ।
ଜତୁଗୃହରେ ମରଣ ମୁଖକୁ ଠେଲି ଦେଇଥିଲେ ।

ଜୀବନ ମରଣ, ପାପ ପୂଣ୍ୟ ଈଶ୍ୱରଙ୍କ ହାତରେ ଯୋଡା
କେମିତି ମୃତ୍ୟୁ ହୋଇଥାଆନ୍ତା ?
ତୁମେ ରକ୍ଷାକଲ ଅସହାୟ ସମୟରେ ।

ପାଣ୍ଡବଙ୍କୁ ରାସ୍ତାର କଣ୍ଟାମଣି
କୌରବଗଣ ନିଜ ଫାନ୍ଦରେ ରଚିଲେ
ପାଣ୍ଡବଙ୍କ ପାଇଁ ବାର ବର୍ଷର ବନବାସ ଓ ଏକ ବର୍ଷର ଅଜ୍ଞାତବାସ ।
କୁରୁବୃଦ୍ଧଙ୍କୁ ଅବଜ୍ଞା କରି ପାଞ୍ଚଖଣ୍ଡ ଗ୍ରାମ ପାଣ୍ଡବଙ୍କୁ ନ ଦେବା ପାଇଁ
ଦୁର୍ଯ୍ୟୋଧନ ତ ଅଙ୍ଗୀକାରଥିଲା
ଯୁଦ୍ଧକ୍ଷେତ୍ରକୁ ଆହ୍ୱାନ କରି ଚତୁର କୃଷ୍ଣଙ୍କ ପରି ଦୂତଙ୍କ
ପ୍ରସ୍ତାବକୁ ଅମାନ୍ୟ କଲା ।
ଅଯଥାରେ ଯୁଦ୍ଧଂ ଦେହି ଡ଼ାକରାରେ ହିଂସାକୁ ରଚିଲା ।
ମୁଁ କ'ଣ ମୂକ ହୋଇ ମୋ ଅପମାନର ପ୍ରତିଜ୍ଞାକୁ
ଭୁଲିଯାଇଥାଆନ୍ତି କି ?
ନା କ୍ଷମା କରି ମୋ ଛାତିତଳର ଜ୍ୱଳନକୁ କରିଥାଆନ୍ତି ନିର୍ବାପିତ ?
ଯୁଧିଷ୍ଠିର ! ତୁମେ ତ କୌରବମାନଙ୍କର ପ୍ରତିଦ୍ୱନ୍ଦୀ ପ୍ରତିପକ୍ଷ ଥିଲ
ମୋ ଅପମାନକୁ ଦୂର କରିବାକୁ ଭାଇମାନଙ୍କ ସହିତ ହିଁ ଲଢ଼ିଥିଲ
ଏବେ କିନ୍ତୁ ମୁଁ କେବଳ ଦୋଷୀ, ତୁମେ ନିର୍ଦ୍ଦୋଶ କିପରି ହେଲ ?
ସ୍ୱଦେହେ ସ୍ୱର୍ଗାରୋହଣ ପ୍ରାପ୍ତିଠାରୁ ଦେଲ ଏଠୁ ଦୂରେଇ ।

।। ତେର ।।

ଅତୀବ ମନୋହରୀ ରୂପନେଇ
ଯେତେବେଳେ ଉଭାହେଲି ହୋମାଗ୍ନିରୁ
ମୋ ନୟନର ଚାହାଁଣିରେ ମହାରଥୀମାନଙ୍କ ପୌରଷକୁ ଆଣୁଥିଲା ଟାଣି
ମୁଁ ନାମ ବହିଲି ପାଞ୍ଚାଳ ରାଜା ଦ୍ରୁପଦ କନ୍ୟା ପାଞ୍ଚାଳୀ ।
ଅପୂର୍ବ ମନୋହାରିଣୀ ରୂପ ନେଇ ଉଲ୍ଲସିତ ମନେ
ଭାବିଲି ଶଙ୍କାଗ୍ରସ୍ତେ କେମିତି କରିବି ଦୁଷ୍ଟସଂହାର
ଏ କୋମଳ ନାରୀ ହସ୍ତେ
କେମିତି କରିବି ଧର୍ମସଂସ୍ଥାପନା
କେମିତି ପୂରଣ କରିବି ମୋ ପିତାଙ୍କ ପ୍ରତିଜ୍ଞା ?

> ମୋ ଜନ୍ମମାତ୍ରେ ଆକାଶରୁ ହେଲା ଶୂନ୍ୟବାଣୀ
> ଏ କନ୍ୟା ହେବ ପିତାଙ୍କ ଅପମାନର ପ୍ରତିଶୋଧର ବହ୍ନି
> ଏ କ'ଣ ସମ୍ଭବ ଜଣେ କନ୍ୟା ଜୀବନରେ
> କେଇ ବର୍ଷର ଜୀବନ କାଳରେ ?
> ମୋର ନାମକରଣ ହୋଇଛି ଯାଜ୍ଞସେନୀ
> ମୁଁ ସମ୍ଭୁତା ଯଜ୍ଞବେଦୀରୁ

ଅଗ୍ନିର ଜ୍ୱାଳା ମୋ ପାଇଁ ନୁହେଁ ଅସହ୍ୟ
ମୁଁ ନିର୍ବାପିତ କରିପାରେ ଅଗ୍ନିର ଜ୍ୱାଳା
ମୋ ରୂପମାଧୁର୍ଯ୍ୟର ଜଳରେ
ଯେହେତୁ ମୁଁ ଅଗ୍ନିସମ୍ଭୁତା କନ୍ୟା ।
ମୁଁ ଦ୍ରୁପଦ ନନ୍ଦିନୀ ଦ୍ରୌପଦୀ
ମୋ ପିତା କ୍ଷତ୍ରୀୟ ବଂଶର ରାଜା, ଧର୍ମଧାରୀ
ଗୁରୁ ଦ୍ରୋଣଙ୍କ ଅପମାନର ପ୍ରତିଶୋଧ ପାଇଁ
ଯାଜରଷିଙ୍କ ଦ୍ୱାରା ଯଜ୍ଞ ଆୟୋଜନ କରି
ହୋମାଗ୍ନିରୁ ସମ୍ଭୁତ କଲେ ତେଜୋବନ୍ତ ପୁତ୍ର ଧୃଷ୍ଟଦ୍ୟୁମ୍ନ
ଆଉ ଦୁହିତା ଯାଜ୍ଞସେନୀ
ସେତେବେଳେ ପିତାଙ୍କ ପଦସ୍ପର୍ଶ କରି
ଶପଥ କରିଥିଲି ମହାରଥିଙ୍କୁ ଶୁଆଇବି ମୃତ୍ୟୁଶଯ୍ୟାରେ
ଦୁହିତା ଧର୍ମରେ ମୁଁ ହେବି ବଳଶାଳୀ
ନୁହେଁ ଶକ୍ତିହୀନା ମୁଁ
ନୁହେଁ ନିର୍ବଳା ଅବଳା
ପୋଛିବାକୁ ପାପୀର କାମନା
ହେବି ନିଶ୍ଚୟ ଜ୍ୱାଳାମୁଖୀ ।
ମୁଁ କୃଷ୍ଣଙ୍କର ସଖୀ, କୃଷ୍ଣା
ମୋ ଶ୍ୟାମାଙ୍ଗିନୀର ରୂପରେ ବିମୋହିତ ହୋଇ
ଯାଜରଷି ଶ୍ରଦ୍ଧାରେ କୃଷ୍ଣା ଉଚ୍ଚାରିଲେ
ମୋ ପିତା ଦ୍ରୁପଦ ଭାବବିହ୍ୱଳିତ ହୋଇ ଉଚ୍ଚାରିଲେ
'କୃଷ୍ଣା' କି ଅପୂର୍ବ ସୁନ୍ଦର ନାମ ଯେଉଁ ନାମ ଅନୁକରଣ କୃଷ୍ଣର
ସେତେବେଳେ କୃଷ୍ଣ କିଏ
ମୋ ଭାବନାରେ ନଥିଲା
ଏହି ଅମୃତମୟ ନାମର ମାୟା

ଯୋଡ଼ି ହୋଇଯାଇଥିଲା
ମୋ ମନର ନିଭୃତ କୋଣରେ
ମୁଁ ଖୁବ୍ ତନ୍ମୟ ହୋଇ ଚାହିଁଲି
ମୋ ପିତାଙ୍କ ପ୍ରଫୁଲଭରା ମୁଖ ମଣ୍ଡଳକୁ
ଯେ ମୋତେ ସମର୍ପି ଦେଉଥିଲେ କୃଷ୍ଣଙ୍କ ହାତରେ ସତେ ଯେମିତି
ମୋ ବିନା ଅନୁମତିରେ ।

॥ ଚଉଦ ॥

ଏବେ କୃଷ୍ଣ ତୁମେ ମୋ ପାଖରେ ପହଁଞ୍ଚିଯାଆନ୍ତି କି ଥରେ ?
ମୋ ଦୁଃଖ ଲାଘବ ହୁଅନ୍ତା ତୁମରି କୃପାରେ
ଏବେ ମୋ ମନ ଦୁଃଶ୍ଚିନ୍ତାରେ ଭାରି
ବିଭିନ୍ନ ପ୍ରଶ୍ନରେ ମୋ ମନ ତ ଯାଉଛି ଘାରି
କେଇକ୍ଷଣ ପୂର୍ବେ ମୋ ପାଦ ସ୍ୱର୍ଗମୁଖେ ଅଗ୍ରସର ଥିଲା
ଏବେ ମୋ ପାଦ ଖସୁଛି ସ୍ୱର୍ଗଯାତ୍ରାରୁ
ଶକ୍ତିହୀନ ହେଲା କେମିତି ?
ମୋ କୋମଳ ପାଦ ଦୁଇଟି ଜଙ୍ଗଲର ବନ୍ଧୁର ପଥକୁ
ଭ୍ରମି ଭ୍ରମି ନଥିଲା କେବେ ଥକିପଡ଼ି
ମୋ ଅଙ୍ଗୁଳି ତ ଅଟକି ଯାଇନଥିଲା ଝୁଣ୍ଟିପଡି ।
ମୋ ଜନ୍ମକ୍ଷଣେ ମୋ ପିତାଙ୍କ ଆନନ୍ଦାଶ୍ରୁ ନୟନ କଲି ଦର୍ଶନ
ଚାହିଁଥିଲି ମୁଖକୁ ଯେଉଁଠି ଉକୁଟି ଉଠୁଥିଲା
ହୃତ ଗୌରବର ଆଶାର କିରଣ
ସେ ବଖାଣୁଥିଲେ କୃଷ୍ଣଙ୍କ ଅପରୂପ ପୌରୁଷର ଗାଥା
ସମଗ୍ର ଆର୍ଯ୍ୟାବର୍ତ୍ତର ଶ୍ରେଷ୍ଠବୀର ପୁରୁଷ ହିଁ କୃଷ୍ଣ
ମୁଁ ପୁଣି ସମର୍ପିତା ତାଙ୍କଠାରେ ।
ମୋ ପିତାଙ୍କ ବାକ୍ୟ ଶୁଣାଗଲା ପୁନର୍ବାର
କୃଷ୍ଣ ଅଟନ୍ତି ଗର୍ବଗଞ୍ଜନ ଗୋବିନ୍ଦ
ଶ୍ରେଷ୍ଠ ଯୋଦ୍ଧା, କିଏ ହେବ ତାଙ୍କ ସମକକ୍ଷ
ମୋ ମନରେ ଉଜ୍ଜୀବିତ ହେଲା କୃଷ୍ଣଙ୍କ ଅପୂର୍ବ ଶିହରଣ

ମୋ ଶରୀର ରୋମାଞ୍ଚିତ ହେଲା ସେହିକ୍ଷଣ
ନୟନରୁ ବୋହିଗଲା ଆନନ୍ଦାଶ୍ରୁ
ହୃଦୟରୁ ବୋହିଗଲା ପ୍ରେମର ଫଲ୍‌ଗୁ
ପ୍ରେମସାଗରରେ ବୁଡ଼ିଗଲି ତାଙ୍କ ବିନା ଦର୍ଶନରେ ।
ଅକସ୍ମାତ୍ ଏ ଉଦ୍‌ବିଗ୍ନତା କାହିଁକି କୃଷ୍ଣ ନାମ ଶ୍ରବଣରେ ?
ଦିନେ ଜଣେ ସଖୀ ଶୁଣାଇଲା କୃଷ୍ଣସଖାଙ୍କର ଗାଥାର ଗାରିମା
ସେ କୁଆଡେ ଦୂରଦର୍ଶୀ
ନ ଭୁଲନ୍ତି ଦାନର ପ୍ରତିଦାନ
ସେ ମହାନ୍ ପରମପୁରୁଷ ଶ୍ରେଷ୍ଠ, ଅଦ୍ୱିତୀୟ ବୀର ଏ ଆର୍ଯ୍ୟବର୍ତ୍ତର ।
ହୃଦୟର ମହାନତାର ଜ୍ୱଳନ୍ତ ଉଦାହରଣ
ଦାନର ପ୍ରତିଦାନ କରନ୍ତି ସହସ୍ରହସ୍ତ ଖୋଲି
ସେ ନିରାକାର, ସେ ହିଁ ଈଶ୍ୱର ।
ନୀଳପଦ୍ମ ପରି ରଙ୍ଗ ଶରୀର ସୁଲଳିତ ମଧୁର ବଂଶୀସ୍ୱନ
କର୍ଣ୍ଣଭେଦ ହେଉଥିବ ବାରମ୍ବାର ସେ ମଧୁର ଗୁଞ୍ଜନ ।
ସେ ଉଭାହୁଅନ୍ତି ତୁମ ଉଚ୍ଚାରିତ ପ୍ରେମଧ୍ୱନିରେ
ମୁହୂର୍ତ୍ତକେ ପହଞ୍ଚିଯାଇ ଫେଡ଼ନ୍ତି କଷଣ
ନିଜ ବିଶାଳ ହୃଦୟର ରହସ୍ୟ ଆଚ୍ଛାଦିତ କରି
ଦ୍ୱାରିକା ଅଧିପତି କୃଷ୍ଣ ଶ୍ୟାମଘନ
ଧର୍ମଜ୍ଞ ବୋଲି ସମସ୍ତେ ତ ଜ୍ଞାତ ।
ସେ ମୟୂରଚୂଳିଆ ନୀଳବର୍ଣ୍ଣ, ମେଘବର୍ଣ୍ଣ ରୂପ ଶ୍ୟାମଘନ,
ମୁରଲୀ ମୋହନ, ପ୍ରେମମୟ ଚିରନ୍ତନକାଳ
ସେ ଦିବ୍ୟ କୃଷ୍ଣବର୍ଣ୍ଣ ମୂର୍ତ୍ତିରେ ସଦା ହସହସ ବଦନ
ପାରିବ ଭୁଲି ସଖୀ ?
ଧର୍ମ ସଂସ୍ଥାପନା ପାଇଁ ଯୁଗଯୁଗକୁ ରହିଯିବ ତାଙ୍କ ଖ୍ୟାତି ।
ସେ କୃଷ୍ଣଙ୍କ ପ୍ରେମରେ ପୁଲକରେ ବିମୋହିତା ମୁଁ କୃଷ୍ଣା
ଦିନେ ପ୍ରାଣର ପୁଲକଭରି ଧ୍ୟାନମଗ୍ନରେ ଓ ଅଶ୍ରୁ ଆବେଗରେ
ତାଙ୍କ ପଦ ଯୁଗଳରେ ଅର୍ଘଦେଲି ଦୁଇଟି ନୀଳକଇଁ
ଏକ ବିଶ୍ୱାସର ଝଟକରେ ।

ଭାବିଲି କାହିଁକି ବକ୍ଷରେ ଲଗାଇବାକୁ ପ୍ରସ୍ତୁତ ଥିବା ନୀଳ କଇଁଙ୍କୁ
ମୁଁ ଯନ୍ତ୍ରଚାଳିତବତ୍ ତାଙ୍କ ପରମପାଦରେ କଲି ଅର୍ପଣ
ମୋ ସତ୍ତାକୁ ଭୁଲିଗଲି ସେଇକ୍ଷଣ
ଏକ ସମ୍ମୋହନ ଶକ୍ତିରେ ମୁଁ ଭୁଲିଲି ମୋ କବିତାର ପଂକ୍ତି
ସେ କାବ୍ୟମୟ ପୁରୁଷଙ୍କ ପାଖରେ ।
ଶୁଣୁଥିଲି କୃଷ୍ଣଙ୍କର ସୁମଧୁର ସ୍ୱର 'କୃଷ୍ଣା' 'କୃଷ୍ଣା'
ମୋ ମନର ଗଭୀର ତନ୍ତ୍ରୀରେ
ମୋ ଶିରାପ୍ରଶିରାର ପୁଲକର ରକ୍ତର ଜୁଆରରେ ।
ସେଦିନଠୁ ମୁଁ ତ ନିଜକୁ ହଜେଇଦେଲି କୃଷ୍ଣଙ୍କ ପ୍ରେମରେ
ତାଙ୍କ ଅଷ୍ଟ ପାଟରାଣୀମାନଙ୍କ ସାଙ୍ଗରେ ମୁଁ ନିଜକୁ ତୁଳନା କଲି
ମୋ ରୂପକୁ କମନୀୟ କରିବା ପାଇଁ
ଅହର୍ନିଶ ଉଦ୍‌ବିଗ୍ନ ଥିଲି
ପ୍ରେମର ପରାକାଷ୍ଠା ପାଇଁ
ଅଙ୍ଗୁ ବସ୍ତ୍ର ଅଳଙ୍କାର ଉତାରି ଉତାରି
ଥରକୁ ଥର ଆଇନାରେ ଚମକ ମୁଖକୁ ଦେଖି
କଳ୍ପନା ଭିତରେ ମୁଁ କୃଷ୍ଣଙ୍କର ସମର୍ପିତା ନାରୀ ।

କାହିଁକି ଏ ମନର ଭ୍ରାନ୍ତି ଏ ମାୟା ବସନଭୂଷଣରେ ?
କାହିଁକି ମୋ ଚେତନା ନୁହେଁ ସ୍ଥିର କୃଷ୍ଣଙ୍କ ପ୍ରେମରେ ?
ଏହି ଅସଲଗ୍ନ ଭାବର ହତାଶାବୋଧ ଚମକେଇ ଦେଲା ଦିନେ
ଯେଉଁଦିନ ମୋ ପିତା ସମର୍ପିଲେ କୃଷ୍ଣଙ୍କୁ ମୋ ସ୍ୱୟଂବର ଭାର
ବାଛିବାକୁ ଯୋଗ୍ୟତମ ପୁରୁଷ ଶ୍ରେଷ୍ଠ ବିବାହ ଆୟୋଜନରେ ।
ପ୍ରକୃତରେ ମୁଁ ଅକସ୍ମାତ ହେଲି ସ୍ଥାଣୁ ଶୁଣି ମୋ କର୍ଣ୍ଣରେ
କୃଷ୍ଣଙ୍କ ବ୍ୟତୀତ ଆଉ କିଏ ହେବ ମୋ ମନର ପୁରୁଷ
ଆଉ କିଏ ଅଛି ଶ୍ରେଷ୍ଠବୀର ?
ପୁଣି ମୋର କାହିଁକି ଏ ସ୍ୱୟଂବର ?

।। ପନ୍ଦର ।।

କଳ୍ପନା ରାଜ୍ୟରେ ଭାସୁଭାସୁ ଶୁଣିଲି ସେଦିନ ତୃତୀୟ ପାଣ୍ଡବ ଅର୍ଜ୍ଜୁନ
ହେବେ ହିଁ ମୋ ପାଇଁ ଯୋଗ୍ୟବର
ସେ କରିବେ ମୋ ପିତାଙ୍କ ପ୍ରତିଜ୍ଞାପୂରଣ
ସେ ହିଁ ପ୍ରିୟସଖା କୃଷ୍ଣଙ୍କର
କୁଆଡେ ଦୁହିଁଙ୍କ ଶରୀର ଭିନ୍ନ
ମାତ୍ର ଆତ୍ମା ଅଭିନ୍ନ ।

ମୁଁ ଆକାଂକ୍ଷାଠାରୁ ଦୂରେଇ ଯାଉଥିବା ବେଳେ
ପାର୍ଥୀବ ଶରୀରକୁ ନେଇ ଉଭାହେଲି ସ୍ୱୟଂବରରେ ।
ମୋ ଅପାର୍ଥୀବ ପ୍ରେମ ବିଚ୍ଛୁରିତ ହୋଇ
ବିଲ୍ଲୀନ ହୋଇ ଯାଇଥିଲା କୃଷ୍ଣଙ୍କ ଦେହରେ
ଯାହା ଥିଲା ଦୃଶ୍ୟାନ୍ତରର ଉର୍ଦ୍ଧ୍ୱରେ ସ୍ୱକ୍ଷ୍ମରୁ ସୂକ୍ଷ୍ମାତରେ ।

ମୁଁ କୃଷ୍ଣପ୍ରେମୀ ନାରୀଟିଏ ମୋ ପରମାୟୁ ସହ
କୃଷ୍ଣଙ୍କ ପାଦତଳେ ଗୋଟାପଣେ ସ୍ୱୟଂ ସମର୍ପି ଦେଇଛି
ଏବେ ମୁଁ କେମିତି ଅଭିନ୍ନତା ମନରେ ଭାବିବି ?
ସମୟକ୍ରମେ ମୋ ପିତା ରଚିଲେ ସ୍ୱଂୟବର ରଖି ସର୍ତ୍ତ ।
ସେ ସର୍ତ୍ତରେ ହେବ ଯେ ଉତୀର୍ଣ୍ଣ
ସେ ହେବ ମୋ ଚିରସାଥୀ ମୋ ସ୍ୱାମୀ ଓ ମୋ ପ୍ରିୟତମ ।

ଏ କଷ୍ଟ ନୁହେଁ ଦ୍ରୋଣଶିଷ୍ୟ ଅର୍ଜ୍ଜୁନଙ୍କ ପାଇଁ
ଯେ ହେବେ ଅକ୍ଲେଶରେ ସ୍ୱୟଂବର ପରୀକ୍ଷାରେ ଉତ୍ତୀର୍ଣ୍ଣ ।
ଅର୍ଜ୍ଜୁନ ହିଁ କୃଷ୍ଣଙ୍କର ପ୍ରିୟ ସଖା
ସେ ବୀରତ୍ୱର ପରାକାଷ୍ଠାରେ ପାରଦର୍ଶିତା ଲଭି
ନୁହଁନ୍ତି କେବେ ଲକ୍ଷ୍ୟଭ୍ରଷ୍ଟ ନିଜ ଶର ନିକ୍ଷେପରେ ।

ସ୍ୱୟଂବର ବେଳେ ସବୁ ବୀର ହେଲେ ଲକ୍ଷ୍ୟଭ୍ରଷ୍ଟ
ଅପମାନ ଜ୍ୱାଳାରେ ବାହୁଡ଼ିଲେ ଘେନି ପରାଜୟର ଅନଳ
ଅଧିରଥଙ୍କ ପାଳିତ ପୁତ୍ର କର୍ଣ୍ଣ
ପାଇଲେ ଅବୈଧ ସନ୍ତାନର ଅପମାନ
ଅନୁମତି ମିଳିଲାନି ସ୍ପର୍ଶ କରିବାକୁ ସ୍ୱୟଂମ୍ବର ବାଣ ।
ଏହିପରି ଜଣକ ପରେ ଜଣିଏ ମହାରଥି
ଅପମାନରେ ଗଲେ ବାହୁଡ଼ି
କିଏ ଘେନିବେ ମୋ ବରଣମାଳା ଦ୍ରୌପଦୀ ମନରେ ଶଙ୍କା,
କାହାନ୍ତି ଅର୍ଜ୍ଜୁନ ?
ପ୍ରାଣପ୍ରିୟା କରିବାକୁ ନୁହଁନ୍ତି କି ସେ ଦଣ୍ଡେ ଉଭା
ଦେଖା ନାହିଁ ତୃତୀୟ ପାଣ୍ଡବ
ସତରେ କ'ଣ ଜତୁଗୃହେ ମାତା କୁନ୍ତୀଙ୍କସହ
ଦଗ୍ଧୀଭୂତ ହୋଇଗଲେ ଅଜ୍ଞାନବଶତଃ !

ମୋ ଆଶଙ୍କାକୁ ଦୂର କରି
ଜଣେ ବ୍ରାହ୍ମଣଯୁବକ ହେଲେ ଅବତୀର୍ଣ୍ଣ
ସ୍ୱୟଂମ୍ବର ପ୍ରତିଶ୍ରୁତି ସର୍ତ୍ତ ଭାଙ୍ଗିବାକୁ
ସଭା ସଦସ୍ୟ ହେଲେ ଆଚମ୍ବିତ
ପାଣ୍ଡୁର ଦିଶିଲା ପରାଜିତ ରାଜାଙ୍କ ମୁଖମାନ
କ୍ଷତ୍ରୀୟର ଶକ୍ତିରେ ଯଦି ନ ହେଲା ସର୍ତ୍ତ ପୁରଣ
ଏହି ବ୍ରାହ୍ମଣ ଯୁବକର ଧନୁର୍ବିଦ୍ୟା କେମିତି ରକ୍ଷା କରିବ ପ୍ରତିଜ୍ଞାର ମାନ
ବୃଥାଚେଷ୍ଟା କରି ଅପମାନିତ ହେବ ନିଶ୍ଚିତ ଏ ବ୍ରାହ୍ମଣ !

।। ଷୋଳ ।।

ଅକସ୍ମାତ ଆଚମ୍ବିତ କରି
ଆଖି ପିଛୁଳାକେ ଚକ୍ରସ୍ଥିତ କନକମୀନର ନୟନକୁ
ପାଞ୍ଚଟି ଶରଯୋଖି କଲେ ବିଦ୍ଧ ବ୍ରାହ୍ମଣକୁମର
ସଭାଜନ ସ୍ତମ୍ଭୀଭୂତ
କୋଳାହଳର କରତାଳିରେ
ପ୍ରକମ୍ପିତ ହେଲା ଗଗନ ପବନ
ଶଙ୍ଖ ହୁଳହୁଳି ବେଦମନ୍ତ୍ରରେ ପୁଲକି ଉଠିଲା ସ୍ୱୟଂମ୍ବର ସଦନ ।

ଏକ ଅପରୂପ ଈଶ୍ୱରୀୟ ପୁଲକରେ
ମୁଁ ଧରିଲି ବରଣମାଳା
ଜୟଯୁକ୍ତ ଯୁବକ ବେକରେ ଗଳାଇ
ମୋତେ ଧର୍ମପତ୍ନୀ ରୂପେ ଗ୍ରହଣ କରିବାକୁ ।

ପୁଣି ଜନ୍ମିଲା ଏକ ଭୟଙ୍କର ପରିସ୍ଥିତି
ପରାଜିତ ରାଜାମାନେ ନେବାକୁ ମୋତେ କଲେ ଆଗମନ
କିନ୍ତୁ ବ୍ରାହ୍ମଣ ପୁତ୍ରଙ୍କ ଭ୍ରାତାଙ୍କ ପ୍ରତିଆକ୍ରମଣ ପ୍ରକୋପରେ ପରାଜିତ ବୀରମାନେ
ପ୍ରାଣବିକଳରେ ସଭାସ୍ଥଳ ଛାଡି କଲେ ପଳାୟନ ।
ଏହାପରେ ଛଦ୍ମବେଶୀ ବ୍ରାହ୍ମଣ ଅର୍ଜୁନଙ୍କ ହେଲି ପାଟରାଣୀ ।

ବନର ଦୁର୍ଗମ ରାସ୍ତାରେ ଖାଲି ପାଦରେ ଚାଲିଚାଲି
ଏକଚକ୍ରୀ ନଗରକୁ ଯିବାକୁ ପାଦ କାଢ଼ିଲି
ମୋ ପାଇଁ ଲୋଡ଼ା ନଥିଲା ରଥ ଘୋଡ଼ା ଗାଡ଼ି
ମୁଁ ଏକ ଭିକ୍ଷୁକ ବ୍ରାହ୍ମଣର ସହଧର୍ମିଣୀ
ପିତା ଦେଲେ ଆଶୀର୍ବାଦ
ହେବାକୁ ଯଶସ୍ୱିନୀ ।

ବନର ଦୁର୍ଗମ ରାସ୍ତାରେ ଚାଲଚାଲୁ
ତୀର୍ଯ୍ୟକ୍ ଦୃଷ୍ଟି ନିକ୍ଷେପ କଲି ବ୍ରାହ୍ମଣ ପତିଙ୍କୁ
ମୁଗ୍ଧ ହେଲି କେମିତି ହେଲେ କୃଷ୍ଣଙ୍କ ପରି
ଏ କ'ଣ ଅର୍ଜୁନ, ମୋ ମନ ଚକ୍ଷୁର ତୃତୀୟ ପାଣ୍ଡବ
କୃଷ୍ଣଙ୍କ ବାକ୍ୟ କେବେ ଅନ୍ୟଥା ନୋହିବ ।

ଏ ଅର୍ଜୁନ ବ୍ୟତୀତ ଆଉ କିଏ ହେବ
ଶଙ୍କାରେ ମୁଁ ସ୍ୱାମୀ ହସ୍ତ ଧରି ପାଦ ଚାଲଚାଲୁ
ଏକଚ଼କ୍ରୀ ନଗରର କୁଟୀର ସାମ୍‌ନାରେ
ହେଲି ଉଭା ପଞ୍ଚଭ୍ରାତାଙ୍କ ଗହଣରେ ।
ଜ୍ୟେଷ୍ଠଭ୍ରାତା ଯୁଧିଷ୍ଠିର ଉତ୍ସାହିତ ସ୍ୱରେ ଉଚ୍ଚାରିଲେ
ଆସ ଦେଖିବ ମାତା ଆମେ ଆଣିଥିବା ଦୁର୍ଲଭ ବସ୍ତୁକୁ
ଆଦେଶ ଭରା କଣ୍ଠରେ ଗୃହ ଭିତରୁ ଶୁଭିଲା ମା'ଙ୍କ ବାଣୀ
ଭୋଗ କର ପାଞ୍ଚ ଭାଗ କରି ।

।। ସତର ।।

ସ୍ତବ୍ଧ ହେଲି ମୁଁ ଏହା ଶୁଣି
ଏଯାଏଁ ଯେ ତୃତୀୟ ବ୍ରାହ୍ମଣ ହିଁ ମୋ ସ୍ୱାମୀ
ତାଙ୍କ ପାଇଁ ଏତେ ସମୟ ମୁଁ ତ ପ୍ରେମରେ ପ୍ଲାବିନୀ
ମୋର ଏକାକୀତ୍ୱ ହରେଇବ ଏହି ମର୍ମଭେଦୀ ବାଣୀ
ଲଜ୍ଜାରେ ମୋ ମନ ହେଲା ମ୍ଳାନ
ବିରକ୍ତିରେ ମୋ ମନ ଏବେ ଅନ୍ତଃସାର ଶୂନ୍ୟ
ନିରୀକ୍ଷଣ କଲି ସମସ୍ତଙ୍କୁ
ନୀରବରେ ଉପସ୍ଥିତ ପଞ୍ଚ ଭ୍ରାତା
ଏ କିଭଳି ସଂକଟ ?

ଖୋଲିଲେ ଦ୍ୱାର
ନିଜ ବାକ୍ୟରେ ଅନୁତପ୍ତ ହୋଇ ଧିକ୍‌କାରିଲେ ସ୍ୱୟଂକୁ
କହିଲେ ମନସ୍ତାପରେ ଭାବିଥିଲି ଆଣିଛ ଭିକ୍ଷାମୁଠି
ଜାଣି ତ ନଥିଲି ଦିବ୍ୟସୁନ୍ଦରୀ କନ୍ୟା
ଆଣିଛ ସଙ୍ଗରେ ଘେନି ।
ଏ କିପରି ଧର୍ମ ସଂକଟ, କିପରି ହେବ ରକ୍ଷା ମୋ ବଚନ ?
ମୁଁ ପରା ଦ୍ରୁପଦ ନନ୍ଦିନୀ, ସ୍ୱୟଂବର ମୋ ପାଇଁ ରଚିଥିଲେ
ମୋ ପିତା ଦ୍ରୁପଦ ପୁଣି ।

ସେହି ଅର୍ଥ ତ ଏଠି ଅନର୍ଥ ହେବ
ସ୍ୱୟଂବରର ଅର୍ଥ ଆଉ କ'ଣ ନିରର୍ଥକ ହେବ ?
ମୁଁ ପୁଣି କେମିତି ବରିବି ପଞ୍ଚପତି
ଶାଶୁଙ୍କ ବାକ୍ୟର ରକ୍ଷାକରି ଧର୍ମବାଣୀ କାହିଁକି
ଉପୁଜିଲା ପୁଣି ଏହି ବିଷମ ଘଡି ?
ମୋ ମୁଣ୍ଡ ଗୋଳମାଳ ଏହି ବିଷମ ବାକ୍ୟ ଅନର୍ଥରେ
ବଡ଼ଭ୍ରାତା ଧର୍ମରକ୍ଷା ପାଇଁ ବଦ୍ଧ ପରିକର
ଅନ୍ୟମାନେ ତାଙ୍କ ପଥ ଅନୁଚର
ଅକ୍ଷରେ ଅକ୍ଷରେ ପାଳିବେ ମାତାଙ୍କର ବାଣୀ
ଏହି ସଙ୍କଟ ପରୀକ୍ଷା ଘଡ଼ିରେ ମୁଁ କେବଳ ବିଦ୍ରୋହିନୀ ।
କାହିଁକି ବରଣ କରିବି ମାତା କୁନ୍ତୀଙ୍କର ଅନ୍ୟାୟର ବାଣୀ ?
ମୋ ଆତ୍ମସମ୍ମାନର ପ୍ରଶ୍ନରେ ମୁଁ ଛଟପଟ ଅର୍ଜୁନଙ୍କ ସଙ୍ଗିନୀ
ପାଞ୍ଚପତିଙ୍କ ପତ୍ନୀହେବା ଏକ ହାସ୍ୟକର ଦୃଷ୍ଟାନ୍ତ
ଜଣେ ବୀରାଙ୍ଗନା ପାଇଁ !

॥ ଅଠର ॥

ମୁଁ ନୁହେଁ ପ୍ରାଣହୀନା ନାରୀ
ଆତ୍ମସମ୍ମାନରେ ଜର୍ଜ୍ଜରିତା ପୁଣି
ସ୍ମରଣ କଲି କୃଷ୍ଣଙ୍କୁ
ଏହି ଘଡ଼ିସନ୍ଧି ମୁହୂର୍ତ୍ତରୁ ଉଦ୍ଧାରି
ସେ ପରା ମୋତେ ସାହା
ମୋ ଅଜ୍ଞାତ ଅନ୍ତର୍ଦାହରେ ଦେଖାଇବେ ମୋତେ ରାହା
ଅପେକ୍ଷାର ଅନ୍ତ ସାରି କୃଷ୍ଣଙ୍କର ଉପସ୍ଥିତି
ଆଣିଦେଲା ଦମ୍ଭ ସେଇକ୍ଷଣି ।

ମୁଁ ଭୟଙ୍କର ପରିସ୍ଥିତିରେ ଜର୍ଜରିତା ନାରୀ
ତୃତୀୟ ବ୍ରାହ୍ମଣ କୁମରଙ୍କୁ ଗୋପନୀୟତା ଦୂରକରି
ସବୁ କିଛି ବୁଝାଇଲେ ଗୋଟି ଗୋଟି କରି
ଚିହ୍ନିଲି ଯୁଧିଷ୍ଠିର, ଭୀମ, ନକୁଳ, ସହଦେବଙ୍କୁ
ଶୁଣିଲି ସେମାନଙ୍କ ଇତିବୃତ୍ତିକୁ
ଜୀବନର ନଶ୍ୱର ଶରୀରକୁ
ଧର୍ମସଂସ୍ଥାପନ ପାଇଁ ଭିନ୍ନ ଭିନ୍ନ କରି ସମର୍ପିଦେଲି
ପଞ୍ଚପତିଙ୍କ ପାଖରେ ମୋ ଇଚ୍ଛା ବିରୁଦ୍ଧରେ ।

ତଥାପି କେବେହେଲେ ଊଣା କରିନଥିଲି ପ୍ରେମ
ଜଣ ଜଣଙ୍କ ପାଖରେ
ଏବେ ମୋ ପ୍ରେମରେ ଅଶୁଦ୍ଧତାର ଅଦୃଷ୍ଟ କଳ୍ପନା କରି
ଅଧାରେ ଛାଡ଼ିଯିବାକୁ ମୋତେ କହୁଛନ୍ତି ଯୁଧିଷ୍ଠିର କେମିତି ପୁଣି ?
ଅପ୍ରତ୍ୟାଶିତ ଭାବରେ ଲଦି ମୋ ଉପରେ ପଞ୍ଚପତି ବରଣକୁ,
ମୁଁ ସାଜିବି ସତୀ ଏ ଧର୍ମଯଜ୍ଞରେ ତୁମ ନ୍ୟାୟରେ
ଧରାରେ ଏ ତ ନୁହେଁ ସମ୍ଭବ
ପରିପୂର୍ଣ୍ଣା ନାରୀଟିଏ ପଞ୍ଚସ୍ୱାମୀ ପାଖରେ କେମିତି ପତ୍ନୀ ଧର୍ମ ପାଳିବି
ଏପରି ଦଣ୍ଡ ମୋ ଭାଗ୍ୟରେ ଥିଲାବୋଲି ମଣିନେଲି ।

।। ଉଣେଇଶି ।।

ହେ କୃଷ୍ଣ ! ତୁମେ ଚିନ୍ତା ଦୂର କରି
ବୁଝାଇ ଦେଲ ଏ ନୁହେଁ ଦଣ୍ଡ
ଏ ମୋର ପରୀକ୍ଷାର କୁଣ୍ଡ
ଉତ୍ତୀର୍ଣ୍ଣ ହୁଅ ସତୀତ୍ୱର ସାତ୍ତ୍ୱିକତାରେ
ମୋ ମହନୀୟତା ଉଜ୍ଜ୍ୱଳ ରହିବ ଯୁଗଯୁଗରେ ।
ପଞ୍ଚୁପାଣ୍ଡବ ପତିଙ୍କୁ ମୁଁ କୁଆଡ଼େ ଗଳାରେ ବାନ୍ଧିବି
ଏକ ଶକ୍ତ ସୂତାରେ କରିଣ ମାଳି ।
ମୋ ଜୀବନ ହେବ ସାଧାରଣ ନାରୀଠାରୁ ଭିନ୍ନ
ଏକ ସ୍ୱତନ୍ତ୍ର ଜୀବନ, ଯାହା ନୁହେଁ ନାରୀର କାମ୍ୟ
ଆଜି ମୋ ଜନ୍ମର ରହସ୍ୟ
ଗୋଳମାଳ ହେଉଛି ଘଟଣା ଚ଼କ୍ରରେ
ଦ୍ରୁପଦଙ୍କ ଅପମାନ ପ୍ରତିଜ୍ଞା ପୂରଣ ପାଇଁ
ମୁଁ ପାଇଲି ଯେତେ ଯେତେ କଷଣ
ନାହିଁ ମୋ ଅବଶୋଷର କାରଣ ।
ପଞ୍ଚପତିଙ୍କ ଘରଣୀ ହୋଇ
ଯେତେ ରାଗ ଅଭିମାନ ସହ୍ୟ କଲି
ନିରୋଳାରେ ଅଶ୍ରୁକୁ ନିଜ ଓଠରେ ପିଇଲି
ପାଣ୍ଡବଙ୍କ ଅଗୋଚ଼ରରେ

ପାଣ୍ଡବଙ୍କ ଆଗରେ ତ୍ୟାଗ ଥିଲା ପଞ୍ଚପତିଙ୍କ ପାଇଁ
କେତେବେଳେ ନିଃସଙ୍ଗତା କାହା ପାଇଁ ଭୋଗିଲି
ତୁମ ମାତା କୁନ୍ତୀଙ୍କ ବଚନ ଅକ୍ଷରେ ଅକ୍ଷରେ ପାଳିଲି ।
କେତେବେଳେ ହେଲି ସ୍ୱାର୍ଥପର
ମୋ ପରି ବିଦୁଷିତା ନାରୀ ?
ଅଥବା ସୈରେନ୍ଦ୍ରୀ ନାମରେ ଚିହ୍ନିତ ହୋଇ ବିରାଟ ନଗରରେ
ଗୋପନ କଲି ନିଜ ପରିଚୟ
ଯଦିଓ ହେଲି ଇନ୍ଦ୍ରପ୍ରସ୍ଥର ପାଣ୍ଡବଙ୍କ ପାଟରାଣୀ
ସ୍ୱାମୀସଙ୍ଗେ ହେଲି ତଥାପି ବନବାସିନୀ
ଜନ୍ମଦେଲି ପଞ୍ଚପୁତ୍ର ଜଣଜଣଙ୍କ ଔରସରୁ
ଯଥା ପ୍ରତିବିନ୍ଧ୍ୟ, ସୁତସୋମ, ଶ୍ରୁତକର୍ମା, ଶତାନୀକ, ଶ୍ରୁତସେନଙ୍କ
ହୋଇ ଜନନୀ ।
ସହିଲି ଅନେକ ଶୋକ ସେମାନଙ୍କ ବିଚ୍ଛେଦରେ
ଶେଷ ରାଜସୂୟ ଯଜ୍ଞରେ ବସିଲି ମୁଁ ହୋଇ ପାଣ୍ଡବଙ୍କ ପାଟରାଣୀ
ସବୁବେଳେ ପରାମର୍ଶ ପ୍ରତିକାର୍ଯ୍ୟରେ ତୁମେମାନେ ଚାହୁଁଥିଲ
ମୁଁ ସର୍ବଦା ଗର୍ବ କରୁଥିଲି ପଞ୍ଚପତିଙ୍କ ଭିନ୍ନ ଭିନ୍ନ ଗୁଣପାଇଁ ।
ଯୁଧିଷ୍ଠିର, ତୁମେ ଥିଲ ଭାରି ନ୍ୟାୟବନ୍ତ
ଭୀମ ବଳବାନରେ ଶ୍ରେଷ୍ଠ
କିଏ ରୂପବାନ୍ ତ କିଏ ଦୂର ଦିଗ୍‌ଦର୍ଶନବାନ୍ ।
କି ଦୁର୍ଭାଗ୍ୟ ଆସିଲା ମୋରି ଭାଗ୍ୟରେ ଜାଣି ତ ନଥିଲି
ତୁମେ ମୋତେ ପଶାପାଲିର ଗୋଟି କରି
ଦ୍ୟୁତକ୍ରୀଡ଼ାରେ ହରେଇଦେଲ ।
ମୋତେ ଯନ୍ତ୍ରଣା ଭୋଗିବାକୁ ଦେଲ କେଉଁ ଅଧିକାରରେ
ନାରୀ କ'ଣ ବସ୍ତୁଟିଏ ତାକୁ ବାଜିରେ ଲଗେଇପାରିବ ?
ଏ ଅନ୍ୟାୟ ସବୁଯୁଗ ପାଇଁ ଗାର ହୋଇ ରହିଗଲା ସାକ୍ଷୀ
ଏକ ଉଦାହରଣ ହୋଇଗଲା ଏହି ଦ୍ରୁପଦନନ୍ଦିନୀ କାଳକାଳ ପାଇଁ ।

ପାପିଷ୍ଠ ଦୁର୍ଯ୍ୟୋଧନର ଆଦେଶ ହେଲା ଶିରୋଧାର୍ଯ୍ୟ
ମୋ ପରି ଏକବସ୍ତ୍ର ପରିହିତା ରଜସ୍ୱଳା ନାରୀକୁ
ଜୋର ଜବରଦସ୍ତି ଦୁଃଶାସନ ନେଲା କେଶ ଟାଣି ସଭାକୁ
ନ ଶୁଣି ମୋ ଆତୁର ନିବେଦନ
ତମେମାନେ ଉପସ୍ଥିତ ଥାଇ ଥିଲ ନିରୁତ୍ତର
ସତେ ଯେମିତି ସମସ୍ତେ ଥିଲ ନାଚାର ଏହି ଦୃଶ୍ୟ ଅବଲୋକନରେ
ସେ ସମୟର କଥା ଯାଉଛ କି ଭୁଲି
ଲଜ୍ୟାରେ ମୋ ଶରୀର କମ୍ପୁଥିଲା ପାପିଷ୍ଠ ଦୁଃଶାସନର ସ୍ପର୍ଶରେ
ମୋ ପାଦ ଥମିଯାଉଥିଲା ହତାଶ ମନରେ
ନାରୀ କ'ଣ ନୁହେଁ କୌରବ ସଭାରେ ଉପେକ୍ଷିତ ?
ଦୁଃଶାସନ ମୋ ଦୀର୍ଘ ନୀଳକେଶ ଟାଣି
ସଭା ଗୃହରେ ଉପସ୍ଥିତ କରାଇଲା ନିଜ ବଳପ୍ରୟୋଗ କରି
କ୍ରୀତଦାସୀର ଆଖ୍ୟାରେ ସେଠି ଗଣାଗଲି ଯେମିତି
ମୋ ପତ୍ନୀଧର୍ମର ଅଙ୍ଗୀକାରବଦ୍ଧତାରେ
ଭରୁଥିଲା ଅଜଣା ପ୍ରଶ୍ନର କୋହ
ସେମିତି ବେଦନା କ'ଣ ତୁମ ପାଖରେ ନିଷ୍ଫଳକ ଥିଲା ?
ମୋ ସହିଷ୍ଣୁତାର ସୀମା ଲଂଘିଗଲା ଦେଖି ତୁମ ନିରୁପାୟତାକୁ ।
ପଞ୍ଚପତିଙ୍କ ପ୍ରାଣପ୍ରିୟାର କଷଣ କେମିତି କରୁନି
ତମମାନଙ୍କ ଶୌର୍ଯ୍ୟ ଭଙ୍ଗ ?
ଅସହ୍ୟ ଜ୍ୱାଳାରେ ମନରେ ମହାପ୍ରଳୟର ଚିହ୍ନ ଆଙ୍କିହେଲା
ସଭାଗୃହର ଚ଼ତୁର୍ଦ୍ଦିଗକୁ ଦୃଷ୍ଟି ନିକ୍ଷେପିଲି
ସଭା ତ୍ୟାଗ କରି ନଥିଲେ
କି ପ୍ରତିରୋଧ କରିବା ଉଚିତ୍ ମଣିନଥିଲେ
କାହିଁକି ପାପ ଦର୍ଶନରେ ଫଳ ଚାହୁଁଥିଲେ ?
ଏ କ'ଣ କୌରବଙ୍କର ନ୍ୟାୟ ସଭା ?
ଏ କି ଲଜ୍ଜା କୁଳବଧୂ ପାଇଁ ବିଦ୍ୱାନ ବୀର ପୁରୁଷମାନଙ୍କ
ଉପସ୍ଥିତିରେ ?

।। କୋଡ଼ିଏ ।।

ଅଟ୍ଟହାସ୍ୟ ଚିତ୍କାରରେ କମ୍ପମାନ ଥିଲା ପାପୀଙ୍କର ଅର୍ଧମର ସ୍ୱର
ମୁଁ ଚାହିଁଲି ପତିମାନଙ୍କ ମୁଖକୁ କରିବାକୁ ମୋ ଲଜ୍ଜା ନିବାରଣ
ମଥାନତ କରି ମୋ ଲଜ୍ଜାକୁ ସହ୍ୟ କରୁଥିଲ କେଉଁ ଶୌର୍ଯରେ
ଧର୍ମପତ୍ନୀକୁ ଅସହାୟା ପରି ଛାଡିଦେଲ ଅଧର୍ମୀ ହାତରେ
ମୋ ପ୍ରତିବାଦର ସ୍ୱର କ'ଣ ସେ ମୁହୂର୍ତ୍ତରେ ଛୁଇଁପାରୁ ନଥିଲା
ତୁମ କର୍ଣ୍ଣମାନଙ୍କୁ କିମ୍ବା ହୃଦୟକୁ ?
ପ୍ରତି ମୁହୂର୍ତ୍ତରେ ମୁଁ ଭାଙ୍ଗିପଡୁଥିଲି ସ୍ୱସଚେତନା ପାଇଁ
ଏ କ'ଣ ନାରୀର ଦଶା ପଞ୍ଚପତି ସାମ୍ନାନାରେ କି ?
ଚାହିଁଲି ବୀରଶ୍ରେଷ୍ଠ ଭୀଷ୍ମ ପିତାମହଙ୍କୁ
ସେ ଥିଲେ ନୀରବ ମହାରଥି ମଥାନତ କରି
କାକା ବିଦୂର ମଧ ନିରୁପାୟ ଏହି ଘଡ଼ିସନ୍ଧି ବେଳେ କାହିଁକି ?
ଅନୁଚିତ ଆକାଂକ୍ଷାର କାରଣ କ'ଣ ସହିବ ଦ୍ରୌପଦୀ ?
ଆର୍ଯ୍ୟକୁଳରେ ଜାତ ହୋଇ
କେମିତି ସହିଲେ ବଧୂ ନିର୍ଯ୍ୟାତନା ଭାରି ସଭାଗୃହରେ
ନ୍ୟାୟର ବାଣୀ ସ୍ଫୁରୁନଥିଲା କାହାର ମୁଖମାନଙ୍କରୁ
କପଟ ପଶାରେ ଦୁର୍ଯ୍ୟୋଧନ ତୁମକୁ ହରାଇଲା
ଏ କେଉଁ ନ୍ୟାୟ ଥିଲା ଗୁରୁଜନ ସମସ୍ତଙ୍କ ପାଇଁ

ନାରୀଟିକୁ ବିବସ୍ତ୍ର କରିବ ଭାରି ସଭାରେ ଅସହାୟ କରି
ଅକସ୍ମାତ ଦୁଃଶାସନ ନିଜ ବଢ଼ିମା ଦେଖାଇ
ବସ୍ତ୍ରହରଣର ଆରମ୍ଭ କଲା ଜାରି ।
ମୁଁ ନିରୁପାୟ ହେଲି,
କେମିତି କରିବି ଲଜ୍ଜା ନିବାରଣ ଏକ ବିବସ୍ତ୍ର ନାରୀ
ଏ ଥିଲା ଏକ କଳଙ୍କିତ ଅଧ୍ୟାୟର ଅୟମାରମ୍ଭ ନାରୀ ଜାତି ପାଇଁ
ନାରୀଟିଏ ବୋଲି ତାର ସ୍ୱାଭିମାନକୁ ଦେଉଛନ୍ତି ପାପିଷ୍ଠମାନେ ବଳି
ହାତଖୋଲି ଡାକିଲି ମୋ ସଖା କୃଷ୍ଣଙ୍କୁ
ପାପିଷ୍ଠଙ୍କ ଅଭିଳାଷ ଅପୂର୍ଣ୍ଣ ରଖିବାକୁ
ମୋ ମନର କ୍ରୋଧର ଅଗ୍ନିସ୍ଫୁଲିଙ୍ଗ ସମସ୍ତଙ୍କ ପାଇଁ
ବୀର ପାଞ୍ଚପୁରୁଷ ହୋଇ ପଞ୍ଚସ୍ୱାମୀର ଆଖ୍ୟାରେ ମୁଁ ଘୃଣିତ ହେଲି
ଦ୍ୟୁତକ୍ରୀଡ଼ାରେ ବାଜି ରଖିବାକୁ କେମିତି ଜଣେ ସାହସ କଲ
ଯେଉଁଠି ସ୍ତ୍ରୀର ଲଜ୍ଜା ଓ ନାରୀତ୍ୱକୁ ଜଳାଞ୍ଜଳି ଦେବାପାଇଁ
କାମୁକ ପୁରୁଷର କାମନାର ପାତ୍ରୀଟିଏ ପାଲଟି ଦେଇ ତାମସା
ଦେଖିଲ
ସର୍ବସମ୍ମୁଖରେ ନାରୀକୁ ବିବସନା କରିବା ନୁହେଁ କି ଅଧର୍ମ ଓ
ଅନ୍ୟାୟ ତମ ପାଇଁ ?
ତୁମେ ପରା ଧର୍ମର ପ୍ରତୀକ
ଏ କେମିତି ସହିଲ ହେ ଯୁଧିଷ୍ଠିର !
ମୁଁ ଭରତବଂଶର କୁଳବଧୂ
ଏ କ'ଣ ଲଜ୍ଜାର ବିଷୟ ନୁହେଁ ପ୍ରଥମ ପାଣ୍ଡବ
ଦ୍ୱିତୀୟ ପାଣ୍ଡବଙ୍କୁ ଖାଦ୍ୟରେ ବିଷ ମିଶାଇ ଗୁପ୍ତ ଭାବରେ
ଦୁର୍ଯ୍ୟୋଧନ ରଚିଥିଲା କୌଶଳ ମାରିବାକୁ ଅକ୍ଲେଶରେ
ଏବେ ଭୁଲିଯାଉଛ କି ନିଜ ଅବମାନନାର ଯନ୍ତ୍ରଣା କେମିତି ?
ହସ୍ତିନାପୁର ରାଜ୍ୟ ସିଂହାସନ ପାଇଁ ଯଦି ଧୃତରାଷ୍ଟ୍ର ଅପରାଧକୁ
ଅବଚେ଼ତନ ମନରେ ଚାପି ରଖିଥିଲେ
ନିଜ ପୁତ୍ରର ଅନ୍ଧ ଅପତ୍ୟ ସ୍ନେହରେ

ହସ୍ତିନାପୁର ପତନ ଧ୍ୱଂସର କାରଣ କ'ଣ ସେ ନଥିଲେ ?
ନିଜ ଔଦ୍ଧତ୍ୟ ପୁତ୍ରକୁ କର୍ତ୍ତବ୍ୟପରାୟଣତା ବୁଝାଇ ପାରିନଥିଲେ
ସେ ଦ୍ୟୁତକ୍ରୀଡ଼ାରେ ପକ୍ଷପାତିତା ବିଷୟରେ ଜ୍ଞାତ ଥିଲେ
ମୋ ଆର୍ତ୍ତସ୍ୱର ନିସ୍ତ୍ରାଣ ହୋଇ ଉଠୁଥିଲା ଦୁର୍ଯ୍ୟୋଧନର ପରାକ୍ରମ ଧ୍ୱଜାରେ
ଅନୈତିକତାର କାମୁକତା
ମୋତେ କଲା ପ୍ରତିଜ୍ଞାବଦ୍ଧା ।

କୌରବ ବିନାଶର ପଥ ମୋଠୁ ଆରମ୍ଭିଲା
ମୁକୁଳା କେଶରେ ରକ୍ତ ବୋଳାହେବ ଦୁଃଶାସନର
ଯାର ମର୍ମାନ୍ତିକ ନିଷ୍ଠୁର ମୃତ୍ୟୁ ଭୀମ ହିଁ ରଚିଲେ
ମୋ ପ୍ରତିଜ୍ଞା ପୂରଣ କରି ମୁକୁଳା କେଶରେ ରକ୍ତ ବୋଳିଲେ
ଦୁଃଶାସନର ଉରୁର ରୁଧିରରେ
କେଶ ପ୍ରକ୍ଷାଳନ କରି ବେଣୀ ବନ୍ଧନ କରିବି ବୋଲି
ମୋ କେଶଗୁଚ୍ଛ ଥିଲା ଉନ୍ମୁକ୍ତ ଯୁଦ୍ଧଶେଷ ପର୍ଯ୍ୟନ୍ତ
ଦ୍ୱିତୀୟ ପାଣ୍ଡବ ଭୀମ କରିଥିଲେ ବଜ୍ର ଶପଥ
ମୋ ଅପମାନର ପ୍ରତିଶୋଧ ପାଇଁ
କରିବାକୁ ଦୁଃଶାସନର ଉରୁଭଙ୍ଗ ।

॥ ଏକୋଇଶି ॥

ଭରତବଂଶର କୁଳବଧୂ ପ୍ରତି ଏ କି ନିଷ୍ଠୁର ନିର୍ଯ୍ୟାତନା ?
ଏ ବଂଶରେ ଉତ୍ପନ୍ନ ପୁତ୍ରମାନଙ୍କର ଅନ୍ତନାହିଁ କୁତ୍ସିତ କାମନାର
ପାପୀହୋଇ ଉପସ୍ଥିତ ମୋ ସାମ୍ନାରେ
ମୁଁ ନିର୍ବଳା ଏକବସ୍ତ୍ରା ନାରୀ
ଶେଷରେ ଲଜ୍ଜା ସଂକୋଚକୁ ଭୁଲି
ପରିଧାନ ବସ୍ତ୍ର ଉପରୁ ହସ୍ତ ଛାଡ଼ି
ଅସହାୟତାରେ ଦୁଇହସ୍ତ ମେଲି
ଏକାଗ୍ରତାରେ ସ୍ମରଣ କଲି ସ୍ୱଦେହର ଲଜ୍ଜା ନିବାରଣ ପାଇଁ
ଅର୍ନ୍ତଯ୍ୟାମୀଙ୍କ ନିକଟରେ ।

ବିଳାପିଲି- "ହେ କୃଷ୍ଣ, ହେ ପ୍ରଭୁ ରକ୍ଷା କର ମୋତେ
ଏ ଶରୀର ତୁମର, ଏ ଲଜ୍ଜା ତୁମର" ।
ବିଶ୍ୱାସର ଅଦୃଷ୍ଟ ଜଣାଣରେ ମହାବିପର୍ଯ୍ୟୟରୁ ନାରୀର ରକ୍ଷା ପାଇଁ
ଚକିତ କରି ସଭାସଦସ୍ୟଙ୍କୁ
ଲମ୍ବିଆସିଲା ପରସ୍ତ ପରସ୍ତ ବସ୍ତ୍ର ମୋ ଉପରକୁ
ସତେ ଯେପରି ପ୍ରତିଦାନ ସ୍ୱରୂପରେ

ଯେହେତୁ ମୁଁ ଥରେ ତାଙ୍କର
କଟି ଯାଇଥିବା ଦକ୍ଷିଣ ହସ୍ତର ଅଙ୍ଗୁଳିରେ
ମୋ ପଣତକାନିରୁ ଖଣ୍ଡିଏ ଛିଣ୍ଡାଇ
ବାନ୍ଧି ଦେଇଥିଲି ଅତି ଆତୁରରେ,
ଏଠି ଥିଲା ଧର୍ମର ବିଜୟ ଅଧର୍ମ ହାତରେ
କ୍ଳାନ୍ତ ହୋଇ ପଡୁଥିଲା ଦୁଃଶାସନ ବସ୍ତ୍ରହରଣ ବେଳେ
ଅସହାୟତାର ଦୀର୍ଘଶ୍ୱାସରେ ଦୁର୍ଯ୍ୟୋଧନର ଅହଂକାର ତନ୍ତ୍ରୀରେ
ଉପହାସର ସ୍ୱର ଥିଲା ମୋ ପ୍ରତି ନିଷ୍ଠୁର ହୋଇ
ଅଶ୍ଳୀଳ ଇଙ୍ଗିତ ଶୁଣି ଭୀମସେନ ରକ୍ତ ଶପଥ ନେଇ ମୋ
ଇଚ୍ଛାଶକ୍ତିରେ ଶତସିଂହର ଶକ୍ତି ଉଜ୍ଜୀବିତ କଲେ
ଏ ଯାତନାର ମର୍ମବେଦନା କେବଳ ମୋ ପାଇଁ ନଥିଲା
ପୂରା ନାରୀ ଜାତି ପାଇଁ ସତର୍କ ଘଣ୍ଟି ହୋଇ ବାଜିଥିଲା ।
ଏପରି ନିର୍ଯ୍ୟାତନାର ଅବସାନ ଥିଲା ସୁନିଶ୍ଚିତ ।
ଯଦି ନାରୀକୁ ଦେଇ ପାରିବନି ସମ୍ମାନ
କାହିଁକି କର ତେବେ ବିବସନା ?
ମୋ କାକୁସ୍ଥ ପ୍ରାର୍ଥନାରେ ମୋ ଅସ୍ମିତାକୁ ମୋ ଅନ୍ତଃସ୍ୱରରେ ଯୋଡି
ଡାକିଥିଲି ଚକ୍ରଧରଙ୍କୁ ଲଜ୍ଜା ଦୂର କରି
ଧୀରେଧୀରେ ଅବସନ୍ନ ଦୁଃଶାସନର ଇଚ୍ଛା
ଅସଫଳ ହେଲା ମୋ ବସ୍ତ୍ରହରଣରେ ।
କିଏ କହେ ଈଶ୍ୱର ନାହାନ୍ତି ସବୁଠି ବୋଲି
ମୁଁ ପ୍ରମାଣ କରିଦେଲି କୁରୁସଭା ସାମ୍ନାରେ
ଜୀବନ୍ୟାସ ପାଇଗଲି ଯେମିତି ପ୍ରତିହିଂସାର ଜ୍ୱଳନରେ ।

।। ବାଇଶି ।।

ମୋ ନିର୍ଯ୍ୟାତନାର ଶେଷ ହିଁ ଥିଲା ମୋ ପ୍ରତିଜ୍ଞା ପୁରଣ
ମୋ ଅନ୍ତଃଦୃଢ଼ତାର ବିମୋଚନ ପାଇଁ ମୁଁ ଅଗ୍ନିଶିଖା ତୁଲ୍ୟ ଜଳୁଥିଲି
ମୋତେ ଯେ ଲାଞ୍ଛନା ଦେଲା
ତାର ଜୀବନ ନାଶ ସୁନିଶ୍ଚିତ ହେଲା
ଏ ମୋର ଗୌରବର ଯଶ ନଥିଲା
ମୋ ସତୀତ୍ୱର ପରାକାଷ୍ଠା ଥିଲା
ମୋ ଶ୍ରଦ୍ଧାନିଷ୍ଠ ସର୍ମପଣ ଦେଖି ସଭ୍ୟବୃନ୍ଦ ଭୟ ପାଇଗଲେ
ମୋ ସ୍ମୃତି ପଟଳରେ ଝଟକୁଥିଲା ମହାଭାରତ ଯୁଦ୍ଧର ପ୍ରତିଛବି ।

ଏହି ହୃଦୟହୀନଙ୍କ ପାଇଁ ମୋ ଦୀର୍ଘଶ୍ୱାସରେ କେତେବେଳେ କେମିତି
ଅଗ୍ନି ସଂଯୋଗ ହେଲା ତୁମକୁ ନୁହେଁ ତ ଅଜଣା
ଏବେ ମୋର ଦୋଷ କ'ଣ ?
ଅଧାବାଟରେ ମୋତେ ଛାଡ଼ି ଯିବାକୁ ଶୁଣୁଛି ତୁମ କଟାକ୍ଷ ସ୍ୱର
ମହାଭାରତ ଯୁଦ୍ଧ ତମସାର ଲେଲିହାନ ଶିଖାରେ
କେତେ ମହାରଥି ଗଲେ ଗଡି
କିଏ ନିଜର ଓ କିଏ ପର
ଏ ଯୁଦ୍ଧ ଆହ୍ୱାନରେ ତ ସଂକଳ୍ପରେ ନଥିଲା ଆତ୍ମୀୟଙ୍କୁ ଯୋଡି
ଦୁର୍ଯ୍ୟୋଧନର ଆହ୍ୱାନରେ କୁରୁକ୍ଷେତ୍ରର ମାଟି ରକ୍ତ ରଞ୍ଜିତ ହେଲା
ଆର୍ଯ୍ୟବର୍ତ୍ତର ଲକ୍ଷ ଲକ୍ଷ କ୍ଷତ୍ରିୟ ନିଧନ କ'ଣ
ପାପୀ ଦୁର୍ଯ୍ୟୋଧନର କାରଣ ନୁହେଁ ତ ?

।। ତେଇଶି ।।

ପାପୀଟିଏ ଜନ୍ମନେଲେ ତାର ସଂହାର ପାଇଁ
ପାଲଟିଯିବ ନାରୀଟିଏ ଦୁର୍ଗା ହୋଇ ।
ଜାଣିଛ ତୁମେ ବାରମ୍ବାର ଦୁର୍ଯ୍ୟୋଧନର ଅଶ୍ଳୀଳ ଇଙ୍ଗିତ
କର୍ଣ୍ଣଙ୍କର ଶ୍ଳେଷପୂର୍ଣ୍ଣ ବାକ୍ୟ
କରୁଥିଲା ମୋତେ ବ୍ୟାକୁଳିତ ଅନ୍ତର୍ଦହନ
ମୋ ଯନ୍ତ୍ରଣାର ଲାଘବ ପାଇଁ ଅଗ୍ନି ସ୍ଫୁଲିଙ୍ଗରେ କୌରବବଂଶ ନାଶକୁ
ମୋ ପରି ବୀରାଙ୍ଗନା ନାରୀ କ'ଣ ଶପଥ କରିପାରି ନଥାନ୍ତା କି
ଲୋଲୁପ ଦୃଷ୍ଟି ଭସ୍ମ କରିବାକୁ ?

ଯେଉଁଠି ନାରୀ ଅସ୍ମିତାର ପ୍ରଶ୍ନ ଉଠେ
ସେଠି ନାରୀ ପରା ଦୁର୍ଗା ପାଲଟିଯାଏ
କେବଳ ମହିଷାସୁରକୁ ସଂହାର କରିବା ପାଇଁ
ମନର ଘୃଣାରୁ ଉକ୍ତିମାରେ ସର୍ବନାଶ କରିବ ବଳତ୍କାରୀର
ଏଠି ପୁରୁଷର ଗୌରବ ବଢ଼ିବା ବଦଳରେ
ତାର ପୌରୁଷରେ କାଳିମା ଭରିଯାଏ ।
ଯିଏ ନାରୀକୁ ଦିଏ କଷଣ
ସେ କେବେ ନୁହେଁ ମହାବଳୀୟାନ ।

ନାରୀ ନୁହେଁ ଅବଳା, ସେ କ୍ଷମାଦାତ୍ରୀ, ସେ ସର୍ବସଂହା
କିନ୍ତୁ ଅତିକ୍ରମି ଗଲେ ସହନଶୀଳତା ଶକ୍ତି
ପାପିଷ୍ଠ ପାଖରେ ଅନ୍ୟାୟକୁ ଦେଖି
ସହିଯିବା କେବେ ନାରୀର ଧର୍ମ ନୁହେଁ ।

ପୃଥିବୀରେ ପାପୀମାନଙ୍କ ଭାରରେ ଅନ୍ୟାୟକୁ ସହ୍ୟ ନକରି
ନ୍ୟାୟକୁ ରକ୍ଷାକରିବା ମୋ ପରି ରାଜକନ୍ୟା
ଯଦି ଶକ୍ତ ହୋଇ ପାରିବେନି
ତେବେ ସାମାନ୍ୟ ନାରୀଟି ସକ୍ଷମ କେମିତି ହେବ
ମୋ ପରି ଦଣ୍ଡ କାହିଁକି ସେ ଭୋଗିବ ?
ସର୍ବସମକ୍ଷରେ ମୋ କୋମଳ ହୃଦୟ
ପାଲଟି ଯାଉଥିଲା ପ୍ରସ୍ତର ଶିଳାରେ ଯେମିତି ।

ମୁଁ ଚାହିଁଥିଲି ନ୍ୟାୟ ଅଧର୍ମ ବିରୁଦ୍ଧରେ
ପାପୀକୁ ଦଣ୍ଡଦେବା ପାଇଁ ନାରୀର ପ୍ରତିଜ୍ଞା କମ୍ ନୁହେଁ କେବେ
ହେଉ ପଛେ ଯୁଦ୍ଧ ଅବା ମହାସମର
ସେ ହେଉ ପଛେ କୁରୁକ୍ଷେତ୍ରେ
ଧର୍ମର ପ୍ରତୀକ ଯୁଦ୍ଧ ମହାଭାରତର
ଘଟିବା ତ ନିଶ୍ଚିତ ଥିଲା ।
ଏହି ମହାସମର ସଂଘଟିତ ହେଲା ଅଠରଦିନ ଧରି
ଅନେକ ପୂଣ୍ୟବନ୍ତ ଓ ପାପିଷ୍ଠଙ୍କ ପ୍ରତିଦ୍ୱନ୍ଦୀରେ
ହାହାକାର ଶୁଭିଲା ସମର ଭୂମିରେ ।

ଧ୍ୱଂସ ହେଲା କୌରବବଂଶ
କେତେ ଶତ୍ରୁ କେତେ ମିତ୍ର ବୀରଗତିକୁ ପ୍ରାପ୍ତି ହେଲେ
କେତେ ଜ୍ଞାନୀ କେତେ ଅଜ୍ଞାନ ମ୍ରିୟମାଣ ହୋଇ ବିଳାପିଲେ
ନିଜ ପିତା, ପୁତ୍ର, ଭ୍ରାତା ଆଉ ଜ୍ଞାତିଜନଙ୍କ ମୃତ୍ୟୁରେ
ବୀରଙ୍କ ରକ୍ତରେ ରକ୍ତର ବନ୍ୟା ଛୁଟିଲା
ଲାଲ ରକ୍ତରେ ରଞ୍ଜିତ ହେଲା ଯୁଦ୍ଧଭୂମି
ଘଟୋତ୍କଚ, ବେଲାଳସେନ, ଅଭିମନ୍ୟୁ ଓ ପାଞ୍ଚପୁତ୍ର ଟଳିପଡ଼ିଲେ
ମୋ ଆତ୍ମୀୟସ୍ୱଜନ ଯୁଦ୍ଧର କରାଳ ଛାୟାରେ ଯୁଦ୍ଧଭୂମିରେ ଲୋଟିଗଲେ ।
ମୁଁ ହେଲି ନିଃସ୍ୱ ଏ ସଂଘର୍ଷରେ
ମୋ ଅପମାନର ଏକ ଭୟାନକ ପିପାସା ପାଇଁ ।

।। ଚବିଶି ।।

ମୁଁ ତ ନିଜକୁ ଦୋଷୀ କରିଲି
ମୋ ପାଇଁ ତ ପୁତ୍ର ଅଭିମନ୍ୟୁ ଚକ୍ରବ୍ୟୂହରେ ପଡ଼ି ନାଶିଲା ପ୍ରାଣ
ଦଣ୍ଡିତ ହେଲେ ବାଳ ବୃଦ୍ଧ ଅନେକ ନିର୍ଦ୍ଦୋଷଗଣ
ଅର୍ଜ୍ଜୁନ ନିରସ୍ତ୍ର କର୍ଣ୍ଣଙ୍କୁ କଲେ ନିଧନ
ଏକ ବୃହତ ଶକ୍ତି ସଂଘର୍ଷରେ ଘଟିଲା ମହାଭାରତ ।
ନିପୁଣ ରଣକୌଶଳ ସାମ୍‌ନାରେ ପୁତ୍ର ଉଲୁକର ନିହତ ଦେଖି
ପ୍ରଚଣ୍ଡ ପ୍ରତିହିସାଂରେ ମାତୁଳ ଶକୁନି ହେଲେ ଜର୍ଜ୍ଜରିତ
କିନ୍ତୁ ହତ ହେଲେ ସହଦେବଙ୍କ ଦ୍ୱାରା
ଅଠର ଦିନରେ ଯୁଦ୍ଧ ତ ସରିଲା
ଅଷ୍ଟାଦଶ ଅକ୍ଷୌହିଣୀ ସୈନ୍ୟ କି ଛବିଶ ଗୋଟି ରାଜ୍ୟର ନରପତି
କୌରବ ପାଖରେ ନଥିଲେ ହୋଇ ସାଥି
ଯୁଦ୍ଧ ଶେଷରେ ମାତ୍ର ଚାରିଜଣ, ଅଶ୍ୱଥାମା, କୃପାଚାର୍ଯ୍ୟ,
କୃତିବର୍ମା ଓ ଦୁର୍ଯ୍ୟୋଧନ ବଞ୍ଚିଥିଲେ ଭାଗ୍ୟକୁ ଆଦରି
ଦୁର୍ଯ୍ୟୋଧନ ବ୍ୟର୍ଥତାର ହତାଶା ଭିତରେ ଦୈପାୟନ ହ୍ରଦରେ
ଗର୍ଭଗୃହରେ ବିଶ୍ରାମ ପାଇଁ ହେଲା ଅନ୍ତର୍ଦ୍ଧାନ ।
ଭୀମର ହୁଙ୍କାରକୁ ସହ୍ୟ ନ କରି
ଉଭାହେଲା ମଲ୍ଲଯୁଦ୍ଧରେ ଦୁର୍ଯ୍ୟୋଧନ
ଭୀମସେନ ଦୁର୍ଯ୍ୟୋଧନର କରି ଉରୁଭଙ୍ଗ
ମୃତ୍ୟୁକୁ ଶେଷେ ଲଭିଲା ପାପୀ ଦୁର୍ଯ୍ୟୋଧନ ।

ମୁଁ ଏକ ନାରୀ !
ମୁଁ ଜନନୀ ଥିଲି ନୁହେଁ ପଶୁ କି ରାକ୍ଷାସୀ
ମୋ କାନ୍ଧ ଏବଂ ମୁହଁ ଦେଇ ବୋହି ଯାଉଥିଲା ରକ୍ତର ଧାର
ଗନ୍ଧରେ ଲୋମ ଟାଙ୍କୁରି ଉଠି ଥିଲା
ହୃଦୟର ଜ୍ୱଳନ କ'ଣ କମିଗଲା ?
ମୋ ପ୍ରତିହିଂସାରେ କ'ଣ ଶାନ୍ତି ପାଇଲି ?
ଆଇଁସିଆ ରକ୍ତର ବାସ୍ନାରେ ମୁଁ ଚେତା ହରାଇଲି ।
ଚେ଼ତା ଆସିବା ପରେ ଖୋଲିଲି ମୁଁ ଆଖି
ଦେଖିଲି ସଖା କୃଷ୍ଣଙ୍କୁ
ପୁଛିଲି ଏ କିପରି ଧର୍ମ ସଂସ୍ଥାପନା ହେଲା ?
ମୁଁ କି ପାପ କରିଥିଲି ହରାଇଲି ମୋ ଆତ୍ମୀୟସ୍ୱଜନଙ୍କୁ ?
ସହିପାରୁନି ଆଉ ପୁତ୍ରମାନଙ୍କୁ ହରାଇଥିବାର ଶୋକ
କାହିଁକି ଏସବୁ ହେଲା ନିଧନ
ଆଜି ଏହି ମନରେ ଅଶାନ୍ତର ଜୁଆର ଉଠୁଛି ବାରମ୍ବାର ।

॥ ପଚିଶି ॥

କୃଷ୍ଣଙ୍କ ଦୀର୍ଘଶ୍ୱାସର ବାଣୀ
ଉଚ୍ଚାରିତ ହେଲା "ଏ ଅଟେ ମାୟା ସଂସାର
ମାୟାରେ ଭ୍ରମୁଥାଏ ମନ ଆମର
ଧନ, ରାଜ୍ୟ ସୁଖ ସବୁ କ୍ଷଣସ୍ଥାୟୀ
ତେବେ ଦୁଃଖ ଓ ସୁଖର ପ୍ରାପ୍ତିର ପ୍ରଭେଦ କାହିଁ ?
ଯୁଦ୍ଧ କ୍ଷେତ୍ରରେ ପରା ଅସ୍ତ୍ର ତ୍ୟାଗ କରିଥିଲେ ଅର୍ଜୁନବୀର
ନ କରିବାକୁ ସହଦୋର, ଗୁରୁ, ବନ୍ଧୁଙ୍କ ସଂହାର, କରିଥିଲେ ସଂକଳ୍ପ ।
ମୁଁ ପରା ସୃଷ୍ଟିକର୍ତ୍ତା; ମୁଁ ସଂହାରକର୍ତ୍ତା
ମୁଁ ଦେଖାଇଲି ମୋ ବିଶ୍ୱରୂପର ଝଲକ ।"

  ଅର୍ଜୁନଙ୍କ ମୋହଗଲା ଛାଡ଼ି
  ସ୍ୱଚକ୍ଷୁରେ ତତ୍‌କ୍ଷଣାତ୍ ଦେଖିଲେ
  ମୃତ୍ୟୁରେ ଟାଣିହୋଇଯାଉଛନ୍ତି ମୋ ପ୍ରଶାନ୍ତ କୋଳକୁ
  ସେ ହେଉ ବୀର ଅବା ଦୁରାଚାରୀ
  ମୃତ୍ୟୁର ସମୀପେ ନାଚାର ତରବାରୀ ।

ଚାହୁଁ ଚାହୁଁ ଯୁଦ୍ଧଭୂମି ପାଲଟିଗଲା ଶୋକଭୂମି
ହରାଇଲେ ଜ୍ଞାତି ପରିଜନ ଅଠର ଦିନରେ
ଚିତା ପାଖରେ ଦେଖିଲି ସ୍ତ୍ରୀମାନଙ୍କର ବାହୁନିବାହୁନି କ୍ରନ୍ଦନ

ପୁତ୍ରଶୋକେ ଅନେକ ପିତାମାତା ଅଧୀର
ଇତସ୍ତତଃ ଯୁଦ୍ଧକ୍ଷେତ୍ରର ହୃଦୟ ବିଦାରକ ଦୃଶ୍ୟ
ଖଣ୍ଡ ଖଣ୍ଡ ମାଂସ ଓ ଶବ ଗନ୍ଧ, ଶୃଗାଳ, ଶ୍ୱାନଙ୍କ ମେଳଣ
ଆଣୁଥିଲେ ନର୍କର ଚିହ୍ନ କୁରୁକ୍ଷେତ୍ରେ ସେଦିନ
ସତରେ ଏ କି ଧର୍ମସଂସ୍ଥାପନ ପାଇଁ ଯାଜ୍ଞସେନୀର ଜନ୍ମ !

।। ଛବିଶି ।।

ଗାନ୍ଧାରୀଙ୍କ ପୁତ୍ରଶୋକର ଅଧିରପଣରେ ଦାୟୀ ହେଲେ କୃଷ୍ଣ
ଗାନ୍ଧାରୀ ଦେଲେ ଅଭିଶାପ "ଛତିଶବର୍ଷ ପରେ ଯଦୁକୂଳ ହେବ ଧ୍ୱଂସ ।"
କୃଷ୍ଣ କିନ୍ତୁ ଗ୍ରହଣ କଲେ ଗାନ୍ଧାରୀଙ୍କ ଅଭିଶାପ,
ଏପରି କି ପରୀକ୍ଷା ଥିଲା କରି ନିଜ ବଂଶ ବିପନ୍ନ
ନିଜ ବଂଶ ରକ୍ଷା ନକରି ପାରି ଜାରା ଶବର ଶରକୁ
ବହନ କରି ଘେନିଲ ମହାପ୍ରୟାଣ ।

ଦ୍ୱାପର ଯୁଗର ଅବସାନ ପରେ
କଳି ଆସି ପ୍ରବେଶିଲା ଧରାପୃଷ୍ଠରେ
ଯୁଧିଷ୍ଠିରଙ୍କ ମନ ହେଲା ସଂସାର ବୈରାଗୀ
ହସ୍ତିନାପୁର ରାଜ୍ୟସିଂହାସନ ପୌତ୍ର ପରୀକ୍ଷିତଙ୍କୁ ସମର୍ପି
ସ୍ୱଦେହରେ ସ୍ୱର୍ଗ ଆରୋହଣକୁ ଇଛିଲେ
ତେଣୁ ମୁଁ କେମିତି ସ୍ୱର୍ଗପ୍ରାପ୍ତିର ଲୋଭ ତ୍ୟାଗ କରିପାରି ଥାଆନ୍ତି
ମୁଁ ମଧ୍ୟ ପଞ୍ଚସ୍ୱାମୀଙ୍କ ସହିତ
ମାୟା ମୋହକୁ ତ୍ୟାଗକରି
ସ୍ୱର୍ଗରାସ୍ତାରେ ପାଦ ଥାପୁଥିଲି
କିନ୍ତୁ ଅଟକି ଯାଉଥିଲା ପାଦ ହଠାତ୍ କାହିଁକି ?
ବୁଝି ପାରୁନଥିଲି ମୋ ଅହଂକାର !

ଯୁଧିଷ୍ଠିର ସେତେବେଳେ ତୁମ ନ୍ୟାୟ ମୋତେ ଶୁଣାଇ ଦେଲ
ଆଜ୍ଞାଦେଲ ଭୀମସେନଙ୍କୁ ଛାଡ଼ି ଆସିବା ପାଇଁ
ଏପରିକି ଅନ୍ୟାୟ ତୁମର ପାରୁନି ମୁଁ ସହି
ମୁଁ ପରା ତୁମ ଧର୍ମପତ୍ନୀ ହୋଇ
ଦ୍ୟୁତକ୍ରୀଡ଼ାର ବସ୍ତୁଟିଏ ହୋଇଯାଇଥିଲି
ସେଦିନର କଥା କେମିତି ଯାଇଛ ଭୁଲି
ଚାଲୁଛି ଏକା ଏକା ଆତ୍ମାର ଶାନ୍ତି ପାଇଁ
ମୋ ଉପଲବ୍‌ଧି ପାଇଁ ତୁମର ସଙ୍କୋଚନ ନାହିଁ ।

।। ସତେଇଶି ।।

ଏ ମାୟା ମୋହ ସଂସାରରେ ମୁଁ କେବଳ ନିମିତ୍ତ ମାତର
ମୁଁ କେମିତି ଦୋଷୀ ହେଲି
ମୁଁ ନିଃସ୍ୱ, ଏକାକୀ ପଥଚାରୀ
ହେ କୃଷ୍ଣ, ହେ ମୋ ସଖା, ତମେ ହିଁ ମୋ ଆତ୍ମା
ତମେ ହିଁ ମୋ ସୃଷ୍ଟିକର୍ତ୍ତା ଓ ମୃତ୍ୟୁଦାତା
ତମେ ମୋର ମାନ ଅପମାନର ରକ୍ଷାକର୍ତ୍ତା ।
ତମ ବିନା ନାହିଁ ମୋର ଗତି ଏ ମାୟା ସଂସାରେ
ପାରି କର ମୋତେ ଏ ଭବସାଗରରୁ ।
ହେ ବିଶ୍ୱରୂପଧାରୀ ଦୂର କର ମୋ ଅହଂକାର ଓ ଅସହାୟତା ।
ତମେ ହିଁ ମୋ ସଖା ଜନ୍ମଜନ୍ମାନ୍ତର ପାଇଁ ।
କୃଷ୍ଣାର ଦୋଷ କ'ଣ ତା ବିଫଳତା ନା ସଫଳତା ପାଇଁ
ତା ପ୍ରତି ଏ ଅନ୍ୟାୟ କାହିଁକି ?
ନାହିଁ ମୋର ମହାଭାରତ ଯୁଦ୍ଧ ଆଉ କୌଣସି ଜନ୍ମରେ
ମୋର ଆତ୍ମା ହେଉ ଶୂନ୍ୟ
ତୁମ ଶରୀରରେ ହୋଇ ବିଲୀନ
ହେ କୃଷ୍ଣ, ତୁମର ସଖୀ ମୁଁ
ମୋ ମାନ ଅପମାନର ରକ୍ଷାକର୍ତ୍ତା ତୁମେ

ତମେ ଅଦୃଶ୍ୟ ଭିତରେ ଦୃଶ୍ୟ
ତୁମ ଉପସ୍ଥିତି ସର୍ବବିଦିତ
ତୁମେ ହିଁ ମୋ ପରିତ୍ରାଣକର୍ତ୍ତା
ସ୍ୱର୍ଗାରୋହଣ ପଥେ ହୁଅ ଟିକିଏ ଦେଖା ।
ଶୋକ, ଦୁଃଖ, ଯନ୍ତ୍ରଣାର ମାୟାର ଭ୍ରମରେ ପଡି
ଭ୍ରମି ଭ୍ରମି ମାୟାଗ୍ରସ୍ତା ହେଲି
ଆଜି ହିମାଳୟ ପଥର ଯାତ୍ରାରେ
ନିଃଶେଷ କରିଦିଅ ମୋତେ କ୍ଷଣକରେ
ମିଶୁ ମୋର ଆତ୍ମା ତୁମ ପରମାତ୍ମାଠାରେ ।
ଏତିକି ବିନତୀ
ତୁମ ସଖୀ କୃଷ୍ଣାର ।
ହେ ଶ୍ରୀକୃଷ୍ଣ !
ହେ ମୋର ପ୍ରିୟ ସଖା !
ପୁରୁଷଶ୍ରେଷ୍ଠ ଆର୍ଯ୍ୟବର୍ତ୍ତର
ଦ୍ୱାପର ଯୁଗର ॥

ଏହି ଲେଖିକାଙ୍କ ପ୍ରକାଶିତ ପୁସ୍ତକ:

ଉପନ୍ୟାସ

୧. ମାୟା, ପାଦଟୀକା, କଟକ, ୨୦୦୨ (ଏଡସ୍ ଉପରେ ପ୍ରଥମ ଉପନ୍ୟାସ)
୨. ମରୁଭୂମିର ଶୋଷ, ଶୌର୍ଯ୍ୟ ପ୍ରକାଶନ, କଟକ, ୨୦୦୬
୩. ଧୂମାୟିତ ଧରିତ୍ରୀ, କିତାବ ଭବନ, ଭୁବନେଶ୍ୱର, ୨୦୧୪
୪. ବାଘର ପଞ୍ଝା, କିତାବ ଭବନ, ଭୁବନେଶ୍ୱର, ୨୦୧୫
୫. ନିର୍ବାସନ, ଆରୋହୀ, କଟକ, ୨୦୧୬
୬. ବିଷଣ୍ଣ ବୈଶାଖ, ଲଳିତ ପ୍ରକାଶନୀ, ଭୁବନେଶ୍ୱର, ୨୦୧୬
୭. ଅସମ୍ପୂର୍ଣ୍ଣା, କିତାବ ଭବନ, ଭୁବନେଶ୍ୱର, ୨୦୧୭
୮. ପଦ୍ମାଳୟା ପ୍ୟାଲେସ୍, ଶକ୍ତି ପବ୍ଲିଶର୍ସ, କଟକ, ୨୦୧୭
୯. ମୀରା ମାଇଁ, କିତାବ ଭବନ, ଭୁବନେଶ୍ୱର, ୨୦୧୮
୧୦. ନୀଳ ଜହ୍ନ, ଜ୍ଞାନଯୁଗ ପବ୍ଲିକେଶନ, ଭୁବନେଶ୍ୱର, ୨୦୧୯
୧୧. ଚକ୍ରବ୍ୟୂହ, ଜ୍ଞାନଯୁଗ ପବ୍ଲିକେଶନ, ଭୁବନେଶ୍ୱର, ୨୦୨୧
୧୨. ତଥାପି ଶୂନ୍ୟତା, ବ୍ଲାକ୍ ଈଗଲ ବୁକ୍ସ, ଓହିଓ, ଆମେରିକା, ୨୦୨୨
୧୩. ରକ୍ତ ତର୍ପଣ, କିତାବ ଭବନ, ଭୁବନେଶ୍ୱର, ୨୦୨୨
୧୪. ଅମୁହାଁ ସୁଡ଼ଙ୍ଗ, ସୁଧନ୍ୟା ପ୍ରକାଶନୀ, ଭୁବନେଶ୍ୱର, ୨୦୨୨
୧୫. ମୁଁ ବି କର୍ଣ୍ଣ, ବ୍ଲାକ୍ ଈଗଲ ବୁକ୍ସ୍, ଓହିଓ, ଆମେରିକା, ୨୦୨୩
୧୬. ରାଣୀ ମହଲ, ବିଦ୍ୟା ପବ୍ଲିଶିଂ, ଟରୋଣ୍ଟୋ, କାନାଡା, ୨୦୨୩
୧୭. ସମୟର ଘେରାବାଲିରେ, ବନଫୁଲ, ଭୁବନେଶ୍ୱର, ୨୦୨୩
୧୮. ସଦାନନ୍ଦର ପୃଥିବୀ, କିତାବ ଭବନ, ଭୁବନେଶ୍ୱର, ୨୦୨୪
୧୯. नीला चाँद, ଅଥର୍ସ ପ୍ରେସ୍, ନୂଆଦିଲ୍ଲୀ, ୨୦୨୪ (ଅନୁବାଦ: ଅଜିତ୍ ପ୍ରସାଦ)
୨୦. ସରୋଗେଟ୍ ମଦର, ବନଫୁଲ ପ୍ରକାଶନୀ, ଭୁବନେଶ୍ୱର, ୨୦୨୪

ଉପନ୍ୟାସିକା ସଂକଳନ

୨୧. ଆରୋହଣ, କାହାଣୀ, କଟକ, ୨୦୧୧
୨୨. ପଞ୍ଚପର୍ଣ୍ଣା, ପାଦଟୀକା, କଟକ, ୨୦୧୭
୨୩. ମାୟାବିନୀ, ଏଥେନା ବୁକ୍ସ, ଭୁବନେଶ୍ୱର, ୨୦୨୫

ଗଳ୍ପ ସଂକଳନ

୨୪. ଅବ୍ୟକ୍ତ ସ୍ୱର, ପାଦଟୀକା, କଟକ, ୨୦୦୨
୨୫. ଯେ ମନ ଉଡ଼େ ଯେତେ ଦୂର, କାହାଣୀ, କଟକ, ୨୦୦୬

୨୬. ଜୟନ୍ତ, ତୋ ମା' ଜିତିଯାଇଛି, ଅନ୍ୱେଷଣ ପ୍ରକାଶନୀ, ଭୁବନେଶ୍ୱର, ୨୦୦୭
୨୭. ଅଜଣା ଠିକଣା, ସୁଧନ୍ୟା ପ୍ରକାଶନୀ, ଭୁବନେଶ୍ୱର, ୨୦୦୮
୨୮. ତର୍ପଣ, କାହାଣୀ, କଟକ, ୨୦୧୧
୨୯. ଧୂମକେତୁର ଶୋଷ, ଜ୍ଞାନଯୁଗ ପବ୍ଲିକେସନ୍ସ, ଭୁବନେଶ୍ୱର, ୨୦୧୪
୩୦. ଅଜ୍ଞାତବାସ, ସୁଧନ୍ୟା ପ୍ରକାଶନୀ, ଭୁବନେଶ୍ୱର, ୨୦୧୪
୩୧. ଛଞ୍ଚାଣର ଆଖି, ଜ୍ଞାନଯୁଗ ପବ୍ଲିକେସନ୍ସ, ଭୁବନେଶ୍ୱର, ୨୦୧୪
୩୨. ଲଜ୍ଜା, ଜ୍ଞାନଯୁଗ ପବ୍ଲିକେସନ୍ସ, ଭୁବନେଶ୍ୱର, ୨୦୧୫
୩୩. ରଦ୍ଧଦ୍ୱାରର ଶବ୍ଦ, ଜ୍ଞାନଯୁଗ ପବ୍ଲିକେସନ୍ସ, ଭୁବନେଶ୍ୱର, ୨୦୧୬
୩୪. ଶୂନ୍ୟ ଭାବନା, ଅନ୍ୱେଷଣ ପ୍ରକାଶନୀ, ଭୁବନେଶ୍ୱର, ୨୦୧୭
୩୫. ସନ୍ୟାସିନୀ, ଜ୍ଞାନଯୁଗ ପବ୍ଲିକେସନ୍ସ, ଭୁବନେଶ୍ୱର, ୨୦୧୮
୩୬. ଜୀବନ ବଗିଚାରେ, କିତାବ ଭବନ, ଭୁବନେଶ୍ୱର, ୨୦୧୯
୩୭. ସୁମିତ୍ରାର କାନ୍ଦ, କିତାବ ଭବନ, ଭୁବନେଶ୍ୱର, ୨୦୨୦
୩୮. ଅଦୃଶ୍ୟ ଆଖି, କିତାବ ଭବନ, ଭୁବନେଶ୍ୱର, ୨୦୨୦
୩୯. ମୁଠାଏ ପ୍ରତିଶ୍ରୁତି, ବ୍ଲାକ ଈଗଲ ବୁକ୍‌ସ, ଓହିଓ, ଆମେରିକା, ୨୦୨୧
୪୦. ଛାୟାବଳୟ, ଜ୍ଞାନଯୁଗ ପବ୍ଲିକେଶନ, ଭୁବନେଶ୍ୱର, ୨୦୨୨
୪୧. ଅୟମାରମ୍ଭ, ଆଦିତ୍ୟ ଭାରତ, କଟକ, ୨୦୨୩
୪୨. ପ୍ରିୟା, ଶକ୍ତି ପବ୍ଲିଶର୍ସ, କଟକ, ୨୦୨୪
୪୩. ଭଲ ପାଇବାର ରଙ୍ଗ, ଜ୍ଞାନଯୁଗ ପବ୍ଲିକେଶନ, ଭୁବନେଶ୍ୱର, ୨୦୨୪

କବିତା ସଂକଳନ

୪୪. ଉଦ୍‌ବେଳିତ ତରଙ୍ଗ, ସୁଧନ୍ୟା ପ୍ରକାଶନୀ, ଭୁବନେଶ୍ୱର, ୨୦୦୮
୪୫. ବିଷ କନ୍ୟା, ଅନ୍ୱେଷଣ ପ୍ରକାଶନୀ, ଭୁବନେଶ୍ୱର, ୨୦୧୬
୪୬. ଶ୍ରୀକୃଷ୍ଣ କୃଷ୍ଣା, ବ୍ଲାକ ଈଗଲ ବୁକ୍‌ସ, ଓହିଓ, ଆମେରିକା, ୨୦୨୫

ଜନପ୍ରିୟ ବିଜ୍ଞାନ ସଂକଳନ

୪୭. ଫଳ ଖାଇବା ସୁସ୍ଥ ରହିବା (ସହ ଲେଖିକା), ଜ୍ଞାନଯୁଗ ପବ୍ଲିକେଶନ, ଭୁବନେଶ୍ୱର, ୨୦୨୩
୪୮. ଜହ୍ନମାମୁଁ ଓ ମଙ୍ଗଳ ମାଉସୀ, ଜ୍ଞାନଯୁଗ ପବ୍ଲିକେଶନ, ଭୁବନେଶ୍ୱର, ୨୦୨୩
୪୯. ଜହ୍ନରେ ଭାରତ ଲେଖିଲା ନାଁ, ଜ୍ଞାନଯୁଗ ପବ୍ଲିକେଶନ, ଭୁବନେଶ୍ୱର, ୨୦୨୪
୫୦. ଆହା କି ସୁନ୍ଦର ଫୁଲ ରାଇଜ (ସହଲେଖିକା), ପବ୍ଲିଶିଂ ହାଉସ୍, ଭୁବନେଶ୍ୱର, ୨୦୨୪

●

BLACK EAGLE BOOKS

www.blackeaglebooks.org
info@blackeaglebooks.org

Black Eagle Books, an independent publisher, was founded as a nonprofit organization in April, 2019. It is our mission to connect and engage the Indian diaspora and the world at large with the best of works of world literature published on a collaborative platform, with special emphasis on foregrounding Contemporary Classics and New Writing.

www.ingramcontent.com/pod-product-compliance
Lightning Source LLC
Chambersburg PA
CBHW060613080526
44585CB00013B/810
* 9 7 8 1 6 4 5 6 0 6 8 7 1 *